COMER INSECTOS? CÓMO!?

Alfredo J. Escribano, PhD, MBA

Copyright © 2021 Alfredo Jesus Escribano Sanchez

All rights reserved

No part of this book may be reproduced, or stored in a retrieval system, or transmitted in any form or by any means, electronic, mechanical, photocopying, recording, or otherwise, without express written permission of the author.

ASIN : B08W6NHMD5

IMAGEN DE PORTADA

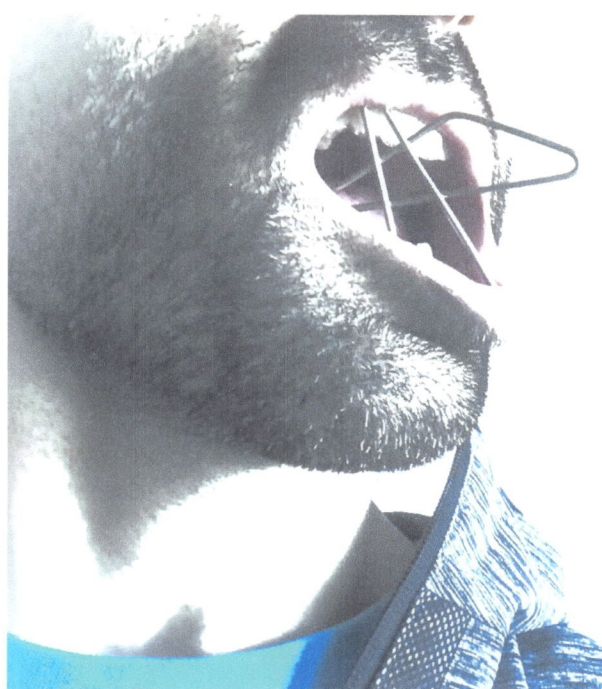

Metáfora/imagen mental de cómo un consumidor occidental puede imagen la idea y sensación de consumir insectos: algo extraño, duro, con patas largas que parcialmente salen de la boca

CONTENTS

Title Page
Copyright
IMAGEN DE PORTADA
prólogo
el consumidor occidental 2
2. rEGULACIÓN 14
3. El mercado de los insectos 17
About The Author 22

PRÓLOGO

El autor no pretende que este libro se adapte a requisitos formales como presentar una revisión exhaustiva o seguir un estilo de escritura exquisito. El autor ha preferido proporcionar una visión general sobre la información científica existente, de manera que el libro resulte informativo para el público general, y útil como obra introductoria para los profesionales de la industria agroalimentaria.

EL CONSUMIDOR OCCIDENTAL

Factores Que Deben Considerarse A La Hora De Desarrollar Alimentos Con Insector En Occidente

1. **CREENCIAS** y **ACTITUDES** hacia los insectos

La neofobia alimentaria es el principal desafío para el consumo de insectos. En este sentido, aunque existe un creciente interés por los insectos como fuente alternativa de proteínas en los países occidentales, hasta el momento, la mayoría de los consumidores occidentales reaccionan con disgusto y rechazo.

2. **INFORMACIÓN** y **DECISIONES RACIONALES**

En un intento por reducir el rechazo a los nuevos productos (conocido como "neofobia alimentaria"), especialmente respecto a aquellos tan distantes a la cultura de la sociedad en cuestión (occidental, en el caso de este libro), se ha demostrado que proporcionar información es clave. El tipo de información y el perfil al que se le aporta dicha información es clave. Por ejemplo, los beneficios de un tipo u otro: medioambiental o salud, la información técnica (cómo se producen los insectos, cómo se procesan para convertirse en ingredientes o alimentos), etc. deben estar alineados a los intereses de cada tipo de consumdor: el responsable medioambientalmente, el preocupado por su salud o estado de forma física, etc.

La experiencia previa en consumo de nuevos productos, en este caso, de insectos, también es muy importante, ya que por un lado, supone una fuente de información en si misma, y además, normalmente tiende a reducir el rechazo inicial. Esto último, depende de varios factores que se analizarán con posterioridad, principalmente: la calidad sensorial del producto y la idioneidad del ingrediente con la cultura gastronómica (con la receta en concreto). Se ha demostrado que los consumidores con experiencia previa en entomofagia (el consumo de insectos) otorgan calificaciones más altas a esta práctica. Desde el punto de vista de la industria alimentaria, esto significa que iniciativas de degustación, difusión y similar, son interesantes para aumentar la predisposición al consumo de insectos (no solo probarlos, si no un consumo repetido de los mismos). Las degustaciones, pues, animan a las personas a "dar el primer paso" y familiarizarse con la entomofagia.

Adicionalmente, la literatura indica que la generación de expectativas emocionales positivas en el cliente, es clave. Ahora bien, si éstas no son cubiertas una vez el consumidor prueba el producto, esta geenración de expectativas se habrá convertido en un arma de doble filo, jugará en nuestra contra. Por lo tanto, mejor contar con los mejores Chefs ;)

Un buen ejemplo del efecto positivo de estas iniciativas fue la Eating Insects Conference and Tasting Demonstration organizada por la Universidad Estatal de San Diego en 2019. El evento consistió en una sesión educativa sobre entomofagia seguida de una demostración de cocina y degustación. Se realizaron encuestas antes y después del evento para evaluar el efecto del evento sobre la aceptación de la entomofagia por parte de los participantes. El incremento de conocimiento de los participantes después de asistir al evento aumentó su predisposición a consumir insectos. Los participantes que creían que la entomofagia es sostenible estaban más dispuestos a consumir insectos comestibles que los que no. Además, aquellos participantes con experiencias de consumo previas tuvieran una mayor predisposición al consumo de insectos tras la celebración del evento, lo que indica que la exposición es positiva para reducir la barrera cultural y de conocimiento de los consumidores occidentales en cuanto a la ingesta de insectos.

Qué tipo de información?

Tal y como mencionaba anteriormente, aportar mensajes con información sobre los beneficios del consumo de insectos (ej. salud o medioambiente) tendrá un efecto positivo. En particular, se ha demostrado que los mensajes con beneficios sociales son más robustos y duraderos.

Y no solo los aspectos sociales han demostrado jugar un papel importante, si no que además, se ha observado que mensajes sobre beneficios medioambientales o nutricionales parecen no ser suficientes para modificar las actitudes y comportamiento hacia el consumo de insectos, pese a la potencia, a nivel racional, del factor composición nutricional per se.

Por lo tanto, multitud de factores deben considerarse e integrarse de manera que den lugar a numerosas combinación de niveles/utildiades alineadas con el target objetivo: cultura y valores del país, el género y/o el conocimiento previo sobre la entomofagia. De dichas combinaciones dependerá la adecuación y el éxito de las estrategias y planes de comunicación y marketing.

En productos que evocan sensaciones, conceptos e ideas tan divergentes entre las diferentes culturas, la creación del marketing mix tradicional es mucho más compleja. De acuerdo con esta complejidad, cabe mencionar el trabjo de Clarkson y colaboradores (2018), quienes exploraron las actitudes, drivers y barreras de 32 consumidores hacia el consumo de insectos, con el objetivo de identificar las expectativas de los consumidores y cuáles serían los atributos de un "insectos ideal", entendido como producto alimenticio. Los diseños de productos ideales incluyeron 3P del marketing mix: lugar, precio y promoción. Las barreras más comunes fueron la cultura, la neofobia alimentaria, la sensibilidad al disgusto (también encontrado en la literatura como "efecto yuck": repugnancia), la falta de necesidad de consumirlos y la escasez de conocimiento sobre los insectos como alimento. Los impulsores motivacionales fueron la novedad, la salud, la sostenibilidad y la nutrición.

3. **EXPERIENCIAS PREVIAS, FAMILIARIDAD, EXPOSICIÓN AL PRODUCTO, CULTURA, Y COHERENCIA**

Las innovaciones alimentarias inusuales tienen un bajo atractivo sensorial, principalmente debido a su baja coherencia con la cultura gastronómica. Por ello, diversos investigadores han recomendado que los insectos deben incluirse como parte de productos "familiares" para mejorar no solo la calidad sensorial y las expectativas sensoriales iniciales, sino también para aumentar la coherencia (el encaje) con la comida local y comenzar a familiarizarse, poco a poco, con el consumo de insectos.

Existe una falta de normas sociales relacionadas con la entomofagia en Occidente, y las normas culturales en los países occidentales ven la entomofagia como una práctica "repugnante" (Myers & Pettigrew, 2018).

Las normas sociales percibidas juegan un papel sustancial en la disposición de los occidentales a comer insectos. Y en este sentido, el contexto social (sentimiento de pertenencia y estatus social) influye en la adopción de bienes y hábitos, que incluyen los alimentos.

La importancia del contexto comercial donde se venden los insectos es un impulsor de las prácticas entomófagas (Sidali et al.2019). Estos autores sugirieron que la introducción de información cultural contextual sobre los insectos como fuente de alimento puede ayudar a descartar falsas suposiciones sobre la entomofagia. Las recetas y sabores que forman parte de la cocina local facilitarán la introducción de insectos.

Tan et al. (2016) mostraron la importancia de la comunicación previa y el efecto de tener una experiencia placentera (ligada a la adecuación alimentaria: hamburguesa) con nuevos alimentos para aumentar su aceptación. Concluyeron que las experiencias sensoriales positivas juegan un papel en el proceso de aceptación de un alimento, pero también se necesita la adecuación alimentaria, y este último es un factor clave en la predicción del consumo repetido.

La dificultad radica en la combinación de tantos factores, por lo que una aceptabilidad elevada no se logrará simplemente añadiendo "gusanos a alimentos familiares", si no que debe haber una idoneidad en las combinaciones. En línea con esto, el estudio de Gmuer et al. (2016) muestra cómo la falta de familiaridad explica por qué los snacks con insectos todavía están lejos de estar a la par con productos bien establecidos en un país occidental (Suiza). Los consumidores visualizaron imágenes de los productos que diferían en su grado de procesamiento: chips de tortilla hechos con harina de grillo ("harina"), chips de tortilla que contienen trocitos de grillo fritos ("bits"), un snack con grillos fritos ("mix") y grillos fritos ("grillos"). Este estudio mostró que los snacks con/de insectos evocaban varias expectativas emocionales negativas que iban más allá del mero "yuck" (repugnancia).

En esta labor de familiarización, la industria alimentaria tienen un potencial muy elevado, y podría comenzar con campañas publicitarias para acelerar el proceso de familiarización. En cuanto a los puntos de venta, su predisposición a establecer pequeñas áreas con presencia de alimentos que contengan insectos (aunque las ventas iniciales sean casi cero) será clave para aumentar la exposición, familiaridad y la disponibilidad de estos productos.

4. CALIDAD SENSORIAL

A pesar de toda la investigación que se ha llevado a cabo para comprender este tema tan complejo y desarrollar estrategias exitosas, y los aspectos mencionados anteriormente (cultura, información, etc.), la similitud con otros productos (como la carne) es fundamental, y la **calidad sensorial, un pre-requisito**.

En consonancia con lo anterior, Tan el at. (2017) mencionarion que los alimentos a base de insectos deben cumplir con los estándares de sabor de la categoría de producto.

La calidad sensorial es básica para la aceptación de cualquier tipo de alimento. Esto es aún más importante para nuevos productos, especialmente aquellos con clara distancia cultural (gastronomía, habitos de consumo, valores), como es el caso de los insectos.

La **textura** se vuelve clave durante la experiencia de comer ciertos insectos, ya que muchas veces son duros, crujientes, tienen patas largas, etc. Esto junto con su aspecto forman parte del famoso efecto "yuk" (mencionado anteriormente como "repugnancia/

asco"). En otros casos (larvas), la textura puede ser todo lo contrario (producto pastoso) pero provocando las misma reacción: rechazo.

Los **sabores** de los insectos son bastante diversos y estas propiedades sensoriales dependen, entre otros aspectos, del ambiente donde vivan o sean criados los insectos, y de su alimentación. Por ejemplo, el sabor ha demostrado ser el factor más atrayente en la predisposición al consumo de galletas que contenían gusano de harina, seguido por la textura (textura crujiente).

El **cocinado** también debe considerarse, ya que influye de manera importante tanto en la textura como en el aroma.

Sin embargo, un buen aroma, sabor y texturas no son suficientes. El aspecto, es también esencial!

Y ente sentido, llega la pregunta del millón: **insectos enteros, trocitos o harina?**

Cavallo y Materia (2018) afirmaron que el factor más poderoso para el consumo de insectos entre los millennials italianos puede ser la invisibilidad de la forma original del insecto. Esta es una de las principales barreras y puntos a tener en cuenta a la hora de desarrollar productos alimenticios con insectos, ya que garantizar que los insectos no sean visibles aumentará la disposición a su consumo (Lombardi et al. 2019). Por lo tanto, los carriers utilizados (ej. pasta, galletas), así como su forma (polvo, líquido, aceite) generarán resultados diferentes en términos de predisposición al pago.

Parece ser que la integración de los insectos en la cultura alimentaria occidental llevará tiempo y deberá realizarse siguiendo diferentes pasos, comenzado con insectos picados o en polvo, ya que los consumidores no están listos para añadir insectos enteros a sus dietas.

Si pensamos en el desarrollo de producto, parece que los snacks con insectos no son una buena idea. Los insectos enteros solos, o incluso los productos que contienen trozos, son más preferibles a los mixtos (Gmuer et al., 2016).

Los PPI (insectos procesados envasados) son una categoría de alimentos muy nueva, y casi todos los productos de insectos procesados han aparecido en el mercado en los últimos años. Los IBP se diferencian de la entomofagia tradicional por dos razones. Con respecto a la motivación del consumidor, el consumo tradicional de insectos a menudo está impulsado por las preferencias gustativas dentro de una economía informal. Además, los puntos de venta clave de PPI también incluyen la percepción del consumidor de las virtudes de la sostenibilidad y la nutrición. Los IBP son una categoría de alimentos muy nueva, con casi todos los productos de insectos procesados que aparecieron en el mercado en los últimos diez años (Reverberi, 2021). Las harinas se han utilizado ampliamente en barritas energéticas, con más de 20 marcas estadounidenses y europeas (Reverberi, 2020). La mayoría de estas barras contienen un pequeño porcentaje de harina de grillo (normalmente del 5 al 10%, alcanzando recientemente el 15-20%). El nivel de inclusión depende de diferentes factores, la calidad sensorial, el costo y el objetivo nutricional son los principales. Los pollos y los gusanos de la harina son los insectos más típicos utilizados para fabricar este tipo de harinas. (Reverberi, 2021).

5. CONVENIENCIA

De forma transversal a cualquier tipo de productos, hay una serie de hábitos que se han impuesto y que van en aumento, debido al estilo de vida moderno. Dichos hábitos requieren que los productos con insectos sean cómodos y rápidos de encontrar, comprar, cocinar y consumir. La palabra es CONVENIENCIA. Verbeke, en 2015, mostró que una orientación a la conveniencia en la elección de alimentos aumentaba, en un 75%, la probabilidad de incluir a los insectos como alimento.

Los consumidores anhelan la comodidad, anhelan la facilidad que se daba por sentada antes de que se cambiaran los hábitos diarios (Euromonitor International, 2021).

6. **PROBAR** contra **REPETICIÓN DEL CONSUMO**

House (2016) distinguió entre las motivaciones iniciales y los factores que promueven un consumo repetido. Si bien los factores que afectan el consumo repetido son muy convencionales (por ejemplo, precio, sabor, disponibilidad y el grado en que coinciden con los hábitos alimentarios actuales/locales), las motivaciones iniciales (intento inicial) son diversas y dependen de los perfiles de los consumidores.

Las personas tendían a ser impulsadas por la curiosidad o por principios racionales como la ética (por ejemplo, el deseo de reducir el impacto ambiental de sus dietas y el bienestar animal). Pero es eso necesario o suficiente par aun consumo repetido?

El sabor es fundamental para un consumo repetido. Yo diría que es un fijador de deseo y hábito alimentario.

Sogari y col. (2017) investigaron las expectativas sobre la entomofagia de un grupo foodies (amantes de la comida) compuesto por personas que estudian Gastronomía y Ciencias de la Alimentación. El estudio se llevó a cabo en la Universidad de Parma (Italia) en abril de 2015. El producto piloto fue una galleta hecha con "harina de insectos". Casi todos los estudiantes probaron el producto y estaban dispuestos a probar otros insectos comestibles en el futuro. La curiosidad fue el motivo más importante para optar por probar la galleta hecha con harina de grillo.

Tan y col. (2017) exploraron las diferencias entre los individuos que diferían (dispuestos, n = 135; frente a los degustadores no dispuestos, n = 79) en sus intenciones / motivaciones para comer prodctos que contenian el gusanos de la harina, diseñados de forma apropiada/coherente (albóndigas) y no coherente/ inapropiada (bebidas lácteas), y comparados con el producto original (sin los gusanos). Estos autores dieron una recomendación importante a la industria: las investigaciones futuras no solo deben poner énfasis en aumentar las motivaciones iniciales para probar, sino que deben abordar las barreras para comprar y preparar insectos para el consumo regular. Se ha prestado poca atención a comprender cómo se podrían desarrollar productos más atractivos y si eso es suficiente para fomentar el consumo de alimentos culturalmente inusuales, ya que incluso con un gran interés y buenos productos, los consumidores dispuestos todavía dudan en consumir alimentos a base de insectos con regularidad debido a otros factores prácticos y socioculturales (Tan et al., 2017).

7. SALUBRIDAD - INFECTABILIDAD

En otro orden de factores, diferentes de los habitos, cultura y calidad de producto, la salud es siempre un factor de peso, muy tenido en cuanto por los consumidores a la hora de valorar sus inteciones de consumo.

Como ha indicado recientemente Euromonitor International (2021), Safety Obsessed es el nuevo movimiento de bienestar. El miedo a la infección y una mayor conciencia sobre la salud impulsan la demanda.

La percepción de "infectabilidad" es elicitada por parte de los consumidores cuanto son preguntas sobre sus opiniones acerca del consumo de insectos. Sin embargo, y de acuerdo con Jensen & Lieberoth (2019), este atributo no predice el rechazo (yuck) ni la predisposición al consumo de insectos.

Mi pensamiento, sin embargo, es que probalbemente, la el riesgo de infectarse/contraer una enfermedad (o infectabilidad) puede que no sea suficientemente potente, pero sin embargo, es muy posible que el efecto yuck esté también, de forma subconsciente, formado por ese riesgo de contraer una enfermedad, ya que el insecto come desperdicios, o está bajo tierra, etc.

8. PERFILES DE CONSUMIDOR

Los early adopters y los consumidores racionales (actuando en consecuencia a sus motivaciones y preocupaciones, ej. medioambiente o composición nutricionales) deben ser el primer target. El grueso de la población tardaría más tiempo en incluir los insectos como parte de su dieta.

Si pensamos no solo en la inclusión de insectos en la dieta si no también en la sustitución por parte de los actuales, (ejemplo de la carne) por motivos éticos, medioambientales o de salud, frecuencia y/o apego al consumo de carne y el nivel de preocupación ambiental del consumidor están relacionados con la voluntad de éste de llevar a cabo dicha sustitución parcial carne a insectos. En estos casos, la calidad sensorial, y en particular, el parecido a la carne es, de nuevo, clave.

Para este perfil de consumidores, la información proporcionada sobre el impacto ambiental y la sostenibilidad de las opciones alimentarias aumenta la probabilidad de adoptar alimentos más sostenibles en un 71% por unidad de sostenibilidad (Verbeke, 2015).

Los consumidores exigen que las empresas se preocupen más allá de los ingresos y ya no perciben a las empresas como entidades con ánimo de lucro. Proteger la salud y los intereses de la sociedad y el planeta es la nueva expectativa. Las empresas deberían ayudar a remodelar el mundo de una manera más sostenible (Euromonitor International, 2021).

En cuanto al género, los hombres tienen más probabilidades que las mujeres de adoptar insectos (Verbeke, 2015). Resultados que están en línea con el trabajo de Caparros Megido y colaboradores (2016), quienes encontraron que los hombres parecían ser menos neofóbicos que las mujeres al suministrarles hamburguesas híbridas a base de insectos (hechas de carne de res, lentejas, gusanos de la harina y carne de res, y gusanos de la harina y lentejas). Los autores justificaban este hallazgo en base a que los hombres estaban menos influenciados por la apariencia de la hamburguesa.

En cuanto a diferencias por geográficas, se observa como, por ejemplo, países del norte y el centro de Europa difieren debido al su conocimiento respecto al consumo de insectos. Así, los países del norte de Europa podrían ser actualmente mejores mercados para la penetración de los insectos como alimento (Piha et al., 2018).

RESUMEN Y RECOMENDACIONES

Parece más probable que la adopción de insectos como alimento por parte de los consumidores occidentales tenga éxito si los insectos se procesan e incorporan en alimentos familiares.

La exposición al producto hará que los insectos sean más familiares y reducirá las barreras culturales y la falta de idoneidad.

La información proporcionada influirá en las decisiones de los consumidores, pero el cerebro racional no lidera el proceso de toma de decisiones, o al menos, no lo hace en soledad.

Las expectativas pueden ser moduladas por dicha información. Debe minimizarse el gap entre las expectativas y la experiencia real de comer insectos.

En este sentido, se deben diseñar estrategias para lograr un consumo repetido (vs. probar).

La calidad sensorial es imprescindible, pero no suficiente, se debe considerar la idoneidad del ingrediente del insecto, que depende del contexto comercial y las normas culturales.

Sobre la base del perfil del consumidor, también se deben desarrollar diferentes estrategias: mencionar los beneficios para la sostenibilidad de comer insectos frente a otros alimentos a los consumidores preocupados por el medio ambiente, o beneficios nutricionales en aquellos consumidores preocupados por la salud.

Como estrategia de seducción y herramienta de sifusión, la participación de influencers y la omnicanalidad son clave, especialmente para las generaciones jóvenes. En línea con lo anterior, lo colaboración de Chefs contribuirá también a que el mensaje cale entre amos/amas de casa (casi todos) y foodies.

2. REGULACIÓN

Regulación Europea

Las normas legales sobre el uso de insectos como pienso y alimento varían en todo el mundo. En el caso de la Unión Europea, las operaciones de cría de animales deben garantizar la salud animal (Ley de Sanidad Animal de la UE ': Reglamento (UE) n. ° 2016/429 sobre enfermedades animales transmisibles) y la legislación medioambiental de la UE (Reglamento UE n. especies elegibles para fines agrícolas). En lo que respecta a la seguridad alimentaria, cualquier operador debe cumplir con la 'Ley alimentaria general' (Reglamento n. ° 178/2002) y el 'Paquete de higiene' (por ejemplo, el Reglamento n. ° 852/2004 sobre la higiene de los productos alimenticios y el Reglamento n. requisitos mínimos para la higiene de los piensos).

Además de los "requisitos generales de higiene de los alimentos", la producción y comercialización de insectos como alimento en Europa se rige por la legislación sobre "nuevos alimentos", es decir, el Reglamento (UE) nº 2015/2283. A principios de 2021, todavía no se ha autorizado ninguna especie de insecto en el mercado de la UE. Sin embargo, sobre la base del primer dictamen de la EFSA sobre una especie de insecto (enero de 2021), la primera autorización podría tener lugar a mediados de 2021 (IPIFF, 2021).

Sin embargo, la regulación de los insectos ha sido más compleja. Existía una falta de seguridad jurídica sobre el alcance de la "antigua" legislación sobre nuevos alimentos (Reglamento (CE) n. ° 258/97, que fue derogado el 1 de enero de 2018 por el Reglamento UE 2015/2283) y, por lo tanto, la ubicación en el se toleró el mercado de ciertos insectos enteros para el consumo humano. Esto solo afectaba a los insectos perteneciente a diez especies para las que se había evaluado la seguridad alimentaria en un documento de "asesoramiento común" del Comité Científico de la FASFC y el Consejo Superior de Salud. Esta incertidumbre sobre el ámbito de aplicación del Reglamento (CE) nº 258/97 se eliminó en octubre de 2020, ya que los insectos enteros no se consideraban "nuevo alimento" en virtud del Reglamento (CE) nº 258/97 (asunto C-526/19). Esto dio lugar a la aplicación de las medidas transitorias previstas en el apartado 2 del artículo 35 del Reglamento (UE) no 2015/2283.

El 3 de mayo, los delegados de los Estados miembros de la UE en el Comité Permanente de Vegetales, Animales, Alimentos y Piensos de la UE respaldaron un proyecto de Reglamento de Ejecución de la Comisión, destinado a autorizar la comercialización en la UE de larvas secas de Tenebrio molitor, en base a la solicitud presentada por el productor francés de insectos SAS EAP Group Agronutris. Este voto positivo sigue a la reciente publicación por parte de la Autoridad Europea de Seguridad Alimentaria (EFSA) de un dictamen científico que concluyó que dicho producto es seguro, de acuerdo con las condiciones de uso y especificaciones propuestas por el solicitante antes mencionado (IPIFF, 2021).

3. EL MERCADO DE LOS INSECTOS

El Mercado De Los Insectos

Todas las proyecciones han predicho un fuerte crecimiento de insectos comestibles. Sin embargo, es difícil estimar el tamaño del mercado, debido a diferentes razones: la disposición potencial frente a la disposición actual a comer insectos repetidamente (como hábito), la recolección comúnmente no se consideran en los estudios, y las regulaciones en cuanto al uso de insectos para consumo humano aún están en desarrollo, lo que no solo dificulta el consumo si no también el negocio internacional (requisito previo para el consumo en muchos casos).

En este sentido, existe un potencial interesante pero éste se sustenta sobre la base de predicciones teóricas. Otro factor que debe tenerse en cuenta es la tasa de supervivencia de las empresas emergentes.

Por otro lado, la presencia de productos con insectos en supermercado jugará un rol decisivo en la adopción de esta fuente de alimento debido a su contribución sobre la familiarización y conveniencia. En este sentido, uno de los factores que dificulta la presencia masiva de insectos en el mercado (supermercados) es el grado de desarrollo / implementación de estándares de certificación en granjas y empresas de insectos.

Productos Presentes En El Mercado

Barrita (barrita de proteína, barrita energética)
Cerveza
Pan Hamburguesas
Insectos cubiertos de caramelo y chocolate
Café
Galletas
Chips
Pan crujiente
Croquetas / bolas de insectos / falafel de insectos
Caja de suscripción de alimentos Insectos gourmet
Granola
Helado
Reemplazo de la carne (reemplaza la carne picada) "Leche"
Fideos
Aceite
Mezcla para panqueques
Pasta
Salsa para pasta
Paté
Polvo (Harina) Polvo / harina para hornear
Proteína en polvo / batidos Proteína
Snacks
Ravioles Insectos enteros asados (con diferentes sabores)
Salchichas
Batidos y licuados
Chupitos

Refrescos

Especias y condimentos

Licores

Tapenade

Tsukudani

(Fuente: BugBurger)

ABOUT THE AUTHOR

Alfredo J. Escribano

El Dr. Alfredo J. Escribano es de Cáceres, Extremadura, España, donde creció en la región que es hogar de los famosos cerdos ibéricos. Esta zona semiárida cuenta con un alto valor cultural y ambiental, y el sector agroalimentario es clave para su población.

Su tesis doctoral abarcó el estudio de la sostenibilidad de granjas de ganado vacuno ecológico/orgánico/bio y convencional.

También es Master en Ciencias de la Carne, MBA, y tiene formación en Marketing Agroalimentario, entre otros temas relacionados con los negocios.

Alfredo ha trabajado en varios puestos dentro de la industria de la alimentación animal.

En paralelo, el Dr. Escribano es investigador, consultor y escritor independiente centrado en la sostenibilidad agroalimentaria y el comportamiento del consumidor hacia los alimentos.

Además, colabora con diferentes instituciones nacionales e internacionales relacionadas con la agroalimentación y sostenibilidad, tanto desde la perspectiva científica como de negocio.

Alfredo ha publicado numerosas publicaciones científicas, ha impartida diversas conferencias y escrito capítulos de libro y artículos técnicos/divulgativos.

Jules Haime

La Pisciculture

Techniques

Table de Matières

Introduction	**7**
Section I	**12**
Section II	**23**
Section III	**36**
Notes	**40**

Introduction

On a souvent nommé la pêche l'agriculture des eaux, comme si les mers, les lacs et les fleuves étaient d'inépuisables magasins alimentaires où, sans crainte de les appauvrir jamais, l'homme n'a qu'à prendre et à détruire sans cesse en raison de ses besoins et au gré de ses désirs. C'est là une mauvaise définition, née, d'une opinion fausse. La pêche n'est pas l'agriculture des eaux ; elle n'en est que la moisson. Les eaux sont une source de production extrêmement puissante, mais non pas infinie, et, pour que la récolte fût toujours sûre et abondante, il faudrait la préparer par des semailles régulières, s'il est vrai qu'on puisse, selon l'expression de M. de Quatrefages, semer du poisson comme on sème du grain.

Ce soin semblera superflu, si l'on n'a égard qu'à la prodigieuse fécondité de presque tous les habitants des eaux. Une perche de moyenne taille renferme 28,320 œufs, et un hareng, 36,960. Thomas Harmer [1] et C.-F. Lund [2], qui se sont livrés à de patientes recherches sur ce sujet, ont obtenu avec d'autres espèces des nombres plus élevés encore, par exemple 80,388 et 272,160 pour le brochet, 100,360 pour la sole, 71,820 et 113,840 pour le rouget, 137,800 pour la brème, 383,250 pour la tanche, 546,680 pour le maquereau, etc. Une carpe pesant 3 kilogrammes contenait, d'après Petit, 342,140 œufs ; un carrelet a donné le chiffre énorme de 1,337,400 ; on en a compté jusqu'à 7,635,200 dans un esturgeon, et Leeuwenhoek en a trouvé 9,344,000 dans une morue. Enfin M. Valenciennes vient de calculer qu'il en existe 9,000,000 dans un turbot de 50 centimètres, et qu'un muge à grosses lèvres en pond jusqu'à 13,000,000 [3]. Si seulement le dixième des germes enfermés dans le corps de chaque poisson parvenait au terme de son développement, il n'y aurait que peu de craintes à concevoir sur la dévastation de nos côtes et le dépeuplement des eaux douces ; mais de nombreuses causes de destruction tendent à réduire considérablement cette multiplication si richement préparée. Les unes sont inhérentes aux circonstances naturelles elles-mêmes, les autres proviennent uniquement du fait de l'homme. Nous devons les signaler toutes, s'il est possible, et les apprécier successivement avant d'arriver à l'exposé des moyens destinés à en prévenir l'action, qui formeront l'objet principal de cette étude.

Il ne faut pas oublier d'abord que, dans l'harmonie générale de la nature, la fécondité des animaux est réglée, ainsi que l'a fait remarquer si justement M. Milne-Edwards, non-seulement en vue des dangers auxquels les jeunes se trouvent exposés avant de devenir aptes à concourir eux-mêmes à la reproduction de l'espèce, mais aussi en raison des chances de non-fécondation que les œufs ont à subir. On sait en effet que l'immense majorité des poissons est ovipare, et que la fécondation s'opère par l'action de l'élément mâle sur l'élément femelle, en dehors du corps de ces animaux et au milieu de l'eau où ils vivent, cette action est la condition nécessaire au développement de l'embryon, et tous les œufs qui n'ont pas reçu le contact des animalcules de la laitance s'altèrent et bientôt se décomposent. Or jamais la totalité du frai ne se trouve fécondée, et par cela seul il s'en perd toujours une portion plus ou moins considérable. La portion qui reste est à son tour exposée à une foule d'influences pernicieuses : elle peut être laissée à sec par l'abaissement du niveau de l'eau ou gâtée par les matières limoneuses que soulèvent et entraînent les crues. Le frai a d'ailleurs de nombreux ennemis ; beaucoup de poissons le dévorent ; divers crustacés, divers insectes s'y attaquent également ; il peut être envahi par les algues ou byssus, et la plupart des oiseaux aquatiques en sont très friands.

Toutes ces chances de mortalité et de destruction empêchent que le poisson ne se multiplie autant que le grand nombre des œufs le ferait d'abord supposer, mais elles rentrent en quelque sorte dans les lois de la création animée, et ne suffiraient pas le plus ordinairement à dépeupler les eaux, si des causes d'une autre nature ne venaient s'y ajouter. Parmi celles-ci, il faut citer avant tout l'insuffisance de la législation des pêches et l'inobservation tolérée de tous les règlements conservateurs qu'elle renferme. Dès la fin du dernier siècle, Duhamel signalait les déprédations des pêcheurs, qui tendent impunément leurs filets à toutes les époques de l'année, et journellement laissent périr sur le rivage une multitude de poissons trop petits pour être vendus. Il s'indignait avec raison de voir les habitants des côtes remplir des tonnes de frai pour en fumer leurs terres ou pour nourrir leurs pourceaux. Cette coupable imprévoyance s'est accrue encore, et l'on peut presque dire qu'aujourd'hui tous les dommages sont autorisés, tous les abus s'exercent librement. Vainement les plaintes les mieux fondées se sont élevées contre les braconniers de la pêche, les dévastations ont continué de toutes parts.

Il y a pourtant bien longtemps déjà que l'on a senti le besoin de prendre des mesures répressives contre la destruction du frai, et les historiens de la pêche ont consigné de nombreuses ordonnances rendues successivement dans cette vue à diverses époques, et dans différents pays. Sans les citer toutes, il nous suffira de rappeler celles qui ont eu le plus d'influence sur la législation actuelle. Dès l'année 966, Etherlred II, roi des Anglo-Saxons, interdit la vente des jeunes poissons. Malcolm II, en 1030, fixa la période de l'année où la pêche du saumon serait permise. Plusieurs autres rois d'Ecosse ont continué ces décrets. Sous Robert Ier, les osiers des nasses durent être séparés au moins par deux pouces d'intervalle, de façon à laisser passage au fretin. En 1400, Robert III poussa la rigueur jusqu'à punir de la peine capitale toute personne convaincue d'avoir pris un saumon en temps prohibé. Cette loi cruelle fut rapportée par Jacques Ier ; mais ce prince maintint l'interdiction pendant la même saison, et toute infraction à cette défense resta encore l'objet d'une répression très sévère. Les rois de France firent aussi de grands efforts pour assurer le libre développement de l'alevin. Une foule d'ordonnances furent rendues par eux pour déterminer la nature des filets dont l'usage serait permis et la longueur des poissons qu'on pourrait vendre sur les marchés. Enfin, en 1669, Colbert régla sur de nouvelles bases la législation côtière et fluviale. Il interdit de pécher en rivière durant la nuit et pendant le temps du frai, à peine pour la première fois de 20 livres d'amende et d'un mois de prison, du double de l'amende et de deux mois de prison pour la seconde, du carcan et du fouet pour la troisième. Il n'y eut d'exception que pour la pêche des saumons, aloses et lamproies. Colbert défendit également de mettre des nasses d'osier à bout des dideaux [4] pendant le temps du frai à peine de 20 livres d'amende, et, après avoir déterminé les engins prohibés, il ordonna que les pêcheurs rejetassent en rivière les truites, carpes, barbeaux, brèmes et meuniers qu'ils auraient pris ayant moins de six pouces entre l'œil et la queue, et les tanches, perchas ou gardons qui en auraient moins de cinq, à peine de 100 livres d'amende.

La législation qui nous régit aujourd'hui s'est inspirée des dispositions précédentes ; malheureusement elle est restée en dehors des connaissances que lui offrait l'histoire naturelle, et n'atteint ainsi que très imparfaitement le but qu'elle se propose. Les règlements relatifs à la pêche marine permettent par exemple de prendre tel poisson sur des côtes où on ne l'a jamais rencontré, et donnent pour la mesure des crustacés des indications contraires au plus simple bon sens. Le code de la pêche fluviale, qui nous intéresse principalement ici, n'est pas plus à l'abri de la critique. L'ordonnance du 15 novembre 1830, qui complète la loi du 15 avril 1829, laisse au préfet de chaque département le soin de déterminer, sur l'avis du conseil général et après avoir consulté les agents forestiers, les temps, saisons et heures pendant lesquels la pêche sera interdite dans les rivières et cours d'eau. Or combien de fois les préfets, peu versés dans les sciences naturelles ou mal conseillés par ceux qui sont chargés de les éclairer, n'ont-ils pas dû commettre des erreurs semblables à celle qui porta Colbert à interdire la pêche des truites depuis le 1er février jusqu'à la mi-mars, c'est-à-dire à une époque où presque toutes avaient déjà cessé de frayer ! La même ordonnance prohibe tels et tels filets et engins, ce qui signifie que tous les autres sont autorisés et permet de changer impunément la forme et le nom des premiers sans qu'ils soient pour cela moins redoutables et moins nuisibles. L'article 30 du code de la pêche punit d'une amende de 20 à 50 francs quiconque pêchera, colportera ou débitera des poissons qui n'auront point les dimensions fixées par les ordonnances, mais il excepte de cette disposition les ventes de poisson provenant des étangs ou réservoirs : on conçoit dès lors combien il est commode, à l'abri de cette exception, de pêcher et de vendre des poissons de toute taille. L'article 24 interdit de placer dans les cours d'eau aucun barrage, appareil ou établissement quelconque de pêcheries ayant pour objet d'empêcher entièrement le passage du poisson, mais il autorise implicitement les digues et vannes d'usines qui produisent les mêmes effets. Nous ne pousserons pas plus loin ces objections. Il nous serait tout aussi facile de montrer qu'aucune mesure efficace n'assure l'exercice de la police de la pêche, et que la loi est par le fait aussi mal exécutée qu'elle est mal conçue. Cet état de choses est déplorable, et nul doute qu'il n'ait dû contribuer très puissamment à amener le dépérissement dont est frappée en

France l'industrie des eaux [5].

Quelques chiffres puisés dans les archives du ministère des finances feront apprécier nettement la gravité du mal. Les coure d'eau de la France constituent une étendue totale de 197,255 kilomètres ; ses lacs, ses étangs et ses viviers occupent une superficie de 220,000 hectares. Or le fermage, de toutes les eaux régies par l'administration des forêts et par celle des ponts et chaussées donne à l'état un revenu de 661,000 francs. À elle seule l'administration des forêts afferme pour la pêche 7,570 kilomètres de cours d'eau navigables ou flottables qui produisent la somme annuelle de 521,395 francs. C'est en moyenne 69 francs par kilomètre. La faiblesse de ce chiffre est très frappante lorsqu'on songe à ce qu'il devrait être ou même quand on le compare à celui que fournissent encore quelques rivières plus favorisées que les autres. Ainsi le Doubs, dans le Jura, est affermé à raison de 159 francs le kilomètre ; la Moselle, dans le département de la Meurthe, à raison de 182 francs. Pour une même étendue, la Loire rapporte 252 francs dans la Loire-Inférieure, la Sarthe 297 fr. dans le Maine-et-Loire, et le Loiret 309. La Mayenne produit 339 fr., et la Seine 498. Quant à la Maine, elle donne la somme exceptionnelle de 1,378 fr. À côté de ces chiffres plus ou moins satisfaisants, beaucoup d'autres au contraire attestent l'extrême rareté du poisson. L'Ain, dans le Jura, produit seulement 14 fr. par kilomètre ; la Dordogne, dans le département de la Corrèze, 10 francs, l'Isère 8 francs, la Drome 4, et la Durance 2. Enfin 219 kilomètres sont à ce point dépeuplés, qu'ils n'ont pu être affermés, à quelque prix que ce fût.

Cette inégalité si prononcée dans les revenus de plusieurs rivières, qui en général offrent aux poissons des conditions à peu près semblables, ou dont les conditions diverses peuvent être différemment utilisées, semble indiquer que le mal, là même où il est le plus grand, n'est cependant pas irréparable. Les propriétaires, lésés par l'appauvrissement de la pêche, le gouvernement lui-même, plus intéressé que personne à l'abondance des produits fluviatiles, sont pourtant restés longtemps inactifs en présence du dommage qu'ils éprouvaient. On ne s'est enfin décidé à y remédier que sur les sollicitations réitérées des naturalistes, qui, maîtres depuis longtemps d'un procédé de multiplication artificielle, jugeaient utile de l'appliquer au repeuplement des rivières et des étangs.

Les premières applications ont donné des résultats assez notables pour qu'on n'ait pas craint d'entreprendre de nouveaux essais. Les méthodes pratiques se sont promptement perfectionnées, et des recherches scientifiques très habilement conduites ont imprimé bientôt un caractère tout nouveau à la pisciculture, c'est-à-dire à cette branche de l'économie rurale qui s'occupe de l'aménagement des eaux. Un intérêt très général s'attache aujourd'hui à cette importante question de la multiplication des poissons, qui touche à la fois aux sciences naturelles, à l'agriculture et à l'économie politique. L'ensemble des expériences qui depuis la fin du dernier siècle jusqu'à nos jours ont pour but le repeuplement des rivières compose dès ce moment un chapitre curieux de l'histoire de la zoologie, et en attendant qu'il s'augmente de quelques pages nouvelles, il nous parait déjà utile d'en réunir les éléments épars.

Section I

Les premiers essais de pisciculture ont été tentés par les Chinois et par les anciens Romains, et il est probable que ceux-ci ont été devancés par leurs aînés en civilisation. Nous n'avons aucune donnée positive sur l'époque à laquelle les Chinois ont commencé ces pratiques ; mais tout porte à croire qu'elles remontent à la plus haute antiquité. On trouve dans l'*Histoire générale des Voyages* (1748), dans Grosier, dans Davis, comme l'a déjà fait remarquer M. Chevreul, et dans la plupart des ouvrages qui traitent des coutumes chinoises, quelques détails curieux sur le transport du frai des poissons. Au rapport des missionnaires qui ont visité la Chine, une multitude de saumons, de truites et d'esturgeons remontent dans les rivières du Kiang-si et jusque dans les fossés qu'on creuse au milieu des champs pour conserver l'eau nécessaire à la production du riz. C'est là qu'ils déposent leurs œufs, et les petits qui ne tardent pas à en naître sont pour les propriétaires riverains une source de profits considérables. Le père Jean-Baptiste Duhalde, jésuite, est le premier auteur français qui ait fait connaître [6] la manière dont s'opère ce commerce. Voici son récit, que la plupart des historiens ont copié en l'altérant : » Dans le grand fleuve Yang-tse-kiang, non loin de la ville Kieou-king-fou, de la province de Kiang-si, en certains temps de l'année il s'assemble un nombre prodigieux de barques pour y acheter des semences de poisson. Vers le mois de mai, les gens du pays barrent le fleuve en différents endroits avec des nattes et des claies dans une étendue d'environ neuf ou dix lieues et laissent seulement autant d'espace qu'il faut pour le passage des barques ; la semence du poisson s'arrête à ces claies ; ils savent la distinguer à l'œil où d'autres personnes n'aperçoivent rien dans l'eau ; ils puisent de cette eau mêlée de semence et en remplissent plusieurs vases pour la vendre, ce qui fait que dans ce temps-là quantité de marchands viennent avec des barques pour l'acheter et la transporter dans diverses provinces, en ayant soin de l'agiter de temps en temps. Ils se relèvent les uns les autres pour cette opération. Cette eau se vend par mesures à tous ceux qui ont des viviers et des étangs domestiques. Au bout de quelques jours, on aperçoit dans l'eau des semences semblables à des petits tas d'œufs de poissons, sans qu'on puisse encore démêler quelle est leur espèce ; ce n'est qu'avec le temps qu'on la distingue. Le gain va souvent au centuple de la dépense, car le peuple se nourrit en grande partie de poissons. » A ces moyens très simples employés avec succès pour le repeuplement de leurs étangs, les Chinois en ont du joindre quelques autres que les voyageurs n'ont indiqués que très imparfaitement ; ils assurent que quand le jeune poisson commence à manger, on lui donne des lentilles de marais mêlées à des jaunes d'œufs.

Les Romains eurent des coutumes à peu près semblables à une époque fort reculée. « Les descendatns de Romulus et de Numa, dit Columelle [7], tout rustiques qu'ils étaient, avaient fort à cœur de se procurer dans leurs métairies une sorte d'abondance en tout genre pareille à celle qui règne parmi les habitants de la ville ; aussi ne se contentaient-ils pas de peupler de poisson les viviers qu'ils avaient construits à cet effet, mais ils portaient la prévoyance jusqu'à remplir les lacs formés par la nature même de la semence de poisson de mer qu'ils y jetaient. C'est ainsi que le lac Velinus et le Sabatinus, aussi bien que le Vulsinensis et le Ciminus, ont fini par donner en abondance non-seulement des loups marins et des dorades, mais encore de toutes les autres sortes de poissons qui ont pu s'accoutumer à l'eau douce. »

Ces habitudes ne tardèrent pas à être abandonnées, et l'on s'étonne, en voyant l'engouement extraordinaire dont les poissons ont été l'objet dans l'ancienne Italie durant les siècles suivants, qu'aucune mesure n'ait été prise alors pour assurer leur reproduction et leur libre développement. On sait en effet que les anciens ont eu pour la chair de ces animaux une prédilection toute particulière. Le principal luxe des festins de Rome consistait en poissons, et les poètes parlent de tables somptueuses qui en étaient exclusivement couvertes. Dans la période qui s'étend de la prise de Cartilage au règne de Vespasien, ce goût devint une véritable passion, et pour la satisfaire les sénateurs et les patriciens enrichis des dépouilles de l'Asie et de l'Afrique se livrèrent aux plus folles dépenses. C'est ainsi que Licinius Murena, Quintus Hortensius, Lucius Philippus, construisirent d'immenses bassins qu'ils peuplèrent des espèces les plus recherchées, et que, nouveau Xercès, suivant l'expression de Pompée rapportée par Pline, Lucullus fit percer une montagne pour introduire l'eau de la mer dans ses viviers. Varron [8] rapporte que Hircius tirait 12 millions de sesterces (3,360,000 francs) des nombreux édifices qu'il possédait, et qu'il employait cette somme tout entière à payer la nourriture de ses poissons. Les riches patriciens, dit le même auteur) ne se contentaient pas d'un seul vivier ; leurs piscines étaient divisées en compartiments où ils tenaient enfermés séparément les poissons d'espèces différentes ; ils entretenaient un grand nombre de pêcheurs uniquement occupés de pourvoir à la nourriture de ces animaux. Ils avaient autant de soin de leurs poissons que de leurs propres esclaves quand ceux-ci étaient malades. On ajoute même qu'une expédition navale commandée par un amiral eut pour mission d'introduire sur les côtes de la Toscane une espèce de scare propre à la mer de Grèce [9].

Cette vogue extravagante, qui gagna les diverses classes de la société et amena la ruine de familles tout entières, eut aussi pour effet d'appauvrir les côtes de la Méditerranée. Juvénal se plaignit qu'on ne donnât plus au poisson de la mer Tyrrhénienne le temps de grandir. Le luxe scandaleux déployé dans ces piscines et l'attention soutenue dont les animaux marins étaient alors l'objet n'ont fourni d'ailleurs aucun résultat utile à la pisciculture. Le seul fait digne de remarque à cette époque de stériles prodigalités est l'introduction de la dorade dans des étangs artificiels, où l'on plaça des coquillages pour lui servir de nourriture.

On peut franchir brusquement cet immense espace de temps qui sépare la domination romaine du XVIIIe siècle sans trouver à y constater aucun progrès important pour l'aménagement des eaux. L'art du pêcheur s'étendit toutefois et se perfectionna pendant le moyen âge, et les viviers devinrent extrêmement nombreux en France et en Italie. Les rois et les princes avaient tous des étangs artificiels dans leurs domaines, et nous voyons Charlemagne lui-même prendre grand soin de réparer les siens, d'en faire creuser de nouveaux, et donner l'ordre de vendre les poissons qui en provenaient. Les communautés religieuses prélevaient un droit énorme sur le produit de presque toutes les pêches, et avaient des viviers considérables dans lesquels s'engraissait une multitude de poissons. L'entretien de ces nombreuses piscines nécessita des précautions et des soins particuliers, et le restaurateur de l'agriculture du XIIIe siècle, Pierre de Crescenze, indiqua ce qu'il convient de faire pour tirer le meilleur parti des étangs d'eau douce et des lacs d'eau salée. On ne trouve pourtant dans son ouvrage [10] aucune méthode digne d'être exposée ici, et ce traité ne nous semble pas avoir rendu plus de services à la pisciculture que celui de Florentinus dans le IIIe siècle de notre ère, autant toutefois qu'on peut juger de ce dernier par les extraits que nous a conservés Cassianus Rassus. Il parait néanmoins que vers la fin du moyen âge on chercha des méthodes nouvelles destinées à accroître la production du poisson : un moine de l'abbaye de Réome, près Montbard, dom Pinchon, imagina de féconder artificiellement des œufs de truite, en faisant écouler tour à tour par la pression les produits femelle, et mâle de cette espèce dans une eau qu'il agitait ensuite avec son doigt. Après cette opération, il plaça les œufs dans une caisse en bois dont le fond était garni de sable fin, et qui présentait des grillages d'osier en dessus et à ses deux extrémités. L'appareil restait plongé dans une eau faiblement courante jusqu'au moment de l'éclosion. Ce procédé est décrit dans un manuscrit daté de 1420, et qui appartient à M. le baron de Montgaudry, petit-neveu de notre célèbre Buffon ; il n'a jamais été publié et était demeuré secret jusqu'à ce jour [11]. Dom Pinchon est donc, selon toute probabilité, le premier inventeur des fécondations artificielles ; mais ses essais doivent être considérés comme non avenus, puisqu'il ne les a pas rendus publics. Ils n'ont eu nécessairement aucune influence sur les progrès de la pisciculture, et n'offrent d'intérêt qu'au point de vue historique.

La pêcherie de Commachio sur l'Adriatique, dont l'origine remonte aussi à une date probablement assez ancienne, offre des conditions naturelles qu'on pourra peut-être utilement imiter sur d'autres points du littoral méditerranéen. Déjà longuement décrite par Bonaveri, puis par Spallanzani, cette lagune mérite donc qu'on en dise quelques mots. Elle peut avoir cent trente milles de circonférence, suivant Spallanzani [12], et est divisée en quarante bassins entourés de digues, qui tous sont en communication avec la mer. Les anguilles y abondent à tel point que les habitants de Commachio en font commerce dans toute l'Italie. Pendant les mois de février, mars et avril, on ouvre les clefs et on laisse tous les passages libres ; les petites anguilles y entrent spontanément et en quantité d'autant plus considérable que le temps est plus orageux. C'est ce qu'on appelle la *montée*. Une fois dans les bassins, ces poissons y trouvent une nourriture si abondante et si bien appropriée à leurs besoins, qu'ils ne cherchent plus à les quitter que lorsqu'ils sont adultes, c'est-à-dire au bout de cinq ou six ans environ. C'est pendant les mois d'octobre, de novembre et de décembre que les anguilles émigrent et qu'on en prend le plus grand nombre. Pour cela, les pêcheurs pratiquent au fond des bassins de petits chemins bordés de roseaux que les anguilles suivent de préférence, et qui les conduisent dans une sorte de chambre étroite où elles s'accumulent sans pouvoir en sortir. En moyenne, la récolte s'élève annuellement à un million de kilogrammes, et M. Coste nous apprend qu'elle rapporte, d'après les estimations de M. Cuppari, un revenu brut de 80,000 écus romains, c'est-à-dire 440,000 fr. environ.

Les pêcheurs de Commachio profitent, comme on le voit, des avantages que leur offre la nature, et ils n'ont que très peu de précautions à prendre pour assurer le développement du poisson dans cette grande piscine. Les conditions moins favorables dans lesquelles s'exerce la pêche sur les lacs de la Suède ont fait chercher vers le milieu du dernier siècle les moyens de prévenir la perte considérable qu'avait à y subir le frai. Déjà on prenait grand soin dans ce pays de ne pas troubler les poissons aux époques de leur reproduction, au point qu'il était défendu de sonner les cloches pendant tout le temps que dure la fraie de la brème. Un conseiller de Linkœping, Carl Friedrich Lund [13], remarqua que les trois espèces les plus estimées parmi celles qui habitent les lacs de cette contrée, la brème, la perche et le gardon, attachent leurs œufs près du rivage, soit aux rochers, soit plutôt aux ramilles de sapin et aux cages d'osier qu'on place dans l'eau pour les prendre. Ces œufs sont ainsi détruits par les pêcheurs ou dévorés par les insectes, les oiseaux, et surtout les poissons de proie, si bien, dit-il, que c'est à peine si sur dix un seul parvient à échapper. Il comprit que l'interdiction de la pêche à l'époque de la fraie n'empêcherait que très imparfaitement cette énorme destruction. Pour protéger la multiplication des poissons, il imagina un autre moyen, qui s'accorde complètement, comme il le remarque lui-même, avec les habitudes de ces animaux, le mode et les lois de leur reproduction, aussi bien qu'avec les règles de la logique et de notre propre devoir. Il fit faire de grandes caisses en bois, sans couvercle, percées de petits trous et munies de roulettes pour permettre de les descendre aisément dans l'eau. Il garnit l'intérieur de rameaux de sapin et y introduisît une certaine quantité de mâles et de femelles pris au moment de la fraie, en ayant soin de les séparer par espèces et de leur donner suffisamment d'espace. Après les y avoir laissés deux ou trois jours, c'est-à-dire le temps nécessaire à l'accomplissement de la ponte, il retira tous les poissons à l'aide d'un truble, et disposa les branches de manière à ce qu'elles ne fussent pas trop serrées les unes contre les autres. Les œufs arrivèrent à maturité au bout de deux semaines ou un peu plus, selon le degré de chaleur, et une multitude de jeunes poissons en sortit. Ce procédé très simple réunissait toutes les conditions nécessaires au succès, et nous ne doutons pas qu'on en puisse retirer de grands avantages pour la propagation des espèces dont les œufs sont adhérents. Lund réussit aussi à transporter d'un lac dans un autre des rameaux couverts de frai qu'il plaça dans un vase d'eau, en évitant seulement de les exposer au contact de l'air. En vue d'une première application de son procédé, il avait mis séparément dans trois grandes caisses, avec un petit nombre de mâles, cinquante brèmes femelles, qui lui donnèrent 3,100,000 éclosions ; cent perches de la grande espèce produisirent 3,215,000 éclosions, et cent gardons donnèrent 4 millions de petits. Il obtint donc de la sorte plus de 10 millions de jeunes poissons qui se dispersèrent dans le lac de Raexen. Si l'on avait procédé en grand de la même manière sur tous les lacs de la Suède, il en serait résulté, dit-il, une véritable bénédiction pour le pays.

Les circonstances favorables que Lund avait su déterminer lui permirent d'observer quelques traits du développement de l'embryon. Un naturaliste allemand, Bloch [14], entra un peu plus avant dans cette voie en employant un moyen semblable. Il fit prendre dans la Sprée des herbes aquatiques couvertes d'œufs de perche, de brème, de rotengle, etc., et les garda dans un vase de bois dont il renouvelait l'eau tous les jours. Au bout d'une semaine, il obtint plusieurs milliers de petits poissons ; mais il remarqua que les œufs n'étaient pas à beaucoup près tous fécondés, que ceux qui l'étaient restaient transparents et jaunes, et que ceux qui ne l'étaient pas devenaient de jour en jour plus troubles et plus opaques. Bloch conclut qu'en transportant le frai pris sur des herbes, ainsi qu'il l'avait fait lui-même, on empoissonnerait très facilement et à très bon marché les lacs et les étangs ; mais il ne fit aucun essai, et, comme on le voit, n'imita Lund que très imparfaitement.

Pendant que l'ingénieux prédécesseur de Bloch cherchait les moyens d'accroître la population des lacs de Suède, un lieutenant des miliciens de Lippe-Detmold en Westphalie, J.-L. Jacobi, imaginait de féconder artificiellement les œufs de poisson, et essayait d'appliquer ce procédé au repeuplement des rivières et des étangs. À la vérité les curieux résultats de ses expériences furent consignés dans une lettre que *le Magasin de Hanovre* ne publia qu'en 1703 [15] ; mais dès 1758 Jacobi avait adressé à ce sujet à l'illustre Buffon des notes manuscrites que Lacépède a mentionnées dans le premier volume de son *Histoire naturelle des poissons*, et dans le courant de la même année il avait confié une autre rédaction de son travail au comte de Holstein, grand-chancelier de Berg et de Juliers. Golstein en fit faire une traduction latine qu'il remit à M. de Fourcroy, directeur des fortifications de la Corse, et l'un des ancêtres du célèbre chimiste. C'est cette version qui a été publiée pour la première fois en français, en 1773, dans le tome III de l'*Histoire générale des Pêches*, par Duhamel-Dumoncean. Duhamel ne nomme pas Jacobi ; mais les faits contenus dans l'un et l'autre mémoire étant parfaitement identiques et exposés dans des termes semblables, il est impossible de ne pas reconnaître que ces deux écrits émanent du même auteur. La date de la première communication garantit complètement les droits de Jacobi, que confirment d'ailleurs les citations de Lacépède et une communication faite en 1764, par Gleditsch, à l'Académie des sciences de Berlin. Nous entrons dans ces détails, parce que, le nom de Golstein ayant été seul imprimé dans l'*Histoire des Pêches*, beaucoup de naturalistes lui ont attribué à tort le mérite de la découverte des fécondations artificielles.

Les essais de Jacobi ont porté sur deux des espèces de poissons les plus estimées, la truite et le saumon. Il nous apprend lui-même qu'avant d'obtenir de bons résultats il a dû employer seize années en recherches préparatoires et en tentatives incomplètes. Il remarqua d'abord que, depuis la fin de novembre jusqu'au commencement de février, les truites se réunissent dans les ruisseaux et se fixent sur le gravier où elles frottent leur ventre de manière à laisser de grandes traces. Les femelles se débarrassent ainsi de leurs œufs, sur lesquels les mâles répandent leur laitance. Il fit donc pêcher à cette époque des truites prêtes à frayer ; prenant tour à tour une femelle et un mâle, il pressa légèrement leur abdomen au-dessus d'un vase à demi rempli d'eau, et y fit tomber les produits mûrs de l'un et de l'autre sexe, puis il agita le tout avec la main, afin de rendre le mélange plus complet, et d'assurer ainsi la fécondation de tous les œufs. Ces œufs une fois fécondés, il fallait réunir les conditions convenables à leur développement, et pour cela Jacobi imagina de les placer, dans une boite, grillée, sur le trajet d'un petit ruisseau d'eau vive. Il fit construire une grande caisse ; vers l'une de ses extrémités et à la surface supérieure, il laissait une ouverture carrée, fermée d'un grillage métallique dont les fils n'étaient pas éloignés les uns des autres de plus de quatre lignes ; cette ouverture servait à l'entrée de l'eau. Une autre, semblablement grillée et pratiquée dans le pan vertical de l'extrémité opposée, servait à la sortie. Le fond était garni d'un pouce de sable ou de gravier. Jacobi plaçait cet appareil dans un lieu approprié, auprès d'un ruisseau ou, mieux encore, d'un étang nourri de bonnes sources, d'où il pouvait, par un canal de dérivation, faire couler à travers la caisse un filet d'eau non interrompu.

Ces dispositions, très simples et très sagement combinées, résolvaient complètement le problème qu'il s'était posé : soustraire les œufs fécondés à leurs ennemis habituels, en les laissant dans des circonstances semblables à celles où ils se seraient naturellement trouvés. L'expérience réussit : après trois semaines environ, Jacobi vit apparaître à travers l'enveloppe épaisse de l'œuf deux points noirs correspondant aux yeux du jeune animal, et huit jours plus tard il commençait à distinguer le corps lui-même, qui s'agitait et tournait dans l'intérieur. Enfin, au bout de cinq semaines, les petits poissons sortirent de leur coque et bientôt s'en séparèrent complètement, ne conservant plus sous leur ventre qu'une poche jaune pendante, qui est la vésicule ombilicale. Durant près d'un mois, les jeunes furent nourris de la substance de cette poche, qui disparaît à mesure qu'ils grandissent ; mais alors ils eurent besoin d'une autre nourriture, et pour la chercher, ils sortirent de la caisse à travers le grillage, et tombèrent dans un réservoir rempli de sable et adapté pour les recevoir. Jacobi ajoute que, dans un bassin suffisamment grand, ils grossirent singulièrement dans l'espace de six mois, et qu'alors ils étaient arrivés à une taille convenable pour empoissonner les étangs ; mais il ne dit pas de quelle manière il les a nourris pendant tout ce temps.

L'inventeur des fécondations artificielles parait avoir répété souvent les expériences qu'il décrit, et il mit tous ses soins à en assurer le succès. Il s'aperçut que les œufs se gâtent aisément quand ils sont entassés, et il recommande d'éviter cet inconvénient en les séparant fréquemment à l'aide d'une baguette. On doit également empêcher qu'ils ne s'accolent les uns aux autres, lorsqu'on répand sur eux la laitance. Enfin il faut avoir soin d'en écarter de temps en temps les ordures que l'eau dépose, ce qu'on peut faire commodément avec les barbes d'une plume.

En ne négligeant aucune de ces précautions et en se mettant à l'abri des diverses chances d'insuccès, Jacobi est-il parvenu à un résultat final complètement satisfaisant au point de vue pratique ? A-t-il réussi, à l'aide de son procédé, à repeupler convenablement des cours d'eau devenus improductifs, ou à accroître notablement la production dans ceux où le poisson était déjà abondant ? .Nous manquons de documents suffisons pour répondre positivement à cette question ; mais on ne peut guère douter qu'il n'ait obtenu au moins des résultats partiels, car l'Angleterre le récompensa de ses services en lui accordant une pension, et dans un petit état de l'Allemagne ses pratiques ont été continuées avec succès par M. Schmittger [16].

La physiologie fit bientôt son profit de la découverte de Jacobi, et les fécondations artificielles ont été depuis fréquemment reproduites dans les laboratoires. Est-il besoin de rappeler tout le parti qu'ont su en tirer Spallanzani, Prévost de Genève et M. Dumas ? Elles furent aussi d'un grand secours pour les études embryologiques, et c'est en employant ce moyen que deux zoologistes contemporains, MM. Rusconi et C. Vogt, ont pu suivre toutes les phases du développement de la tanche et de la palée ; mais cette découverte marqua surtout un grand progrès pour la pisciculture, et pendant que la science se servait habilement de ce nouveau mode d'investigation, l'expérience pratique commencée par Jacobi fut reprise en Allemagne et en Ecosse.

Dans son *Traité de l'Exploitation des Étangs* [17], M. Hartig donne la description du procédé de Jacobi et ajoute que cette méthode a été employée avec succès par le forestier Franke à Steinberg, dans la principauté de Lippe-Schaumbourg, ainsi que par M. de Kaas à Bückebourg. Les mêmes faits sont confirmés par M. Knoche [18], qui assure en outre avoir complètement réussi lui-même à la ferme nommée Oelbergen. Ce dernier agronome plaçait d'abord les jeunes poissons dans un petit réservoir, et l'année suivante il les transportait dans un plus grand bassin. « J'ai obtenu par ce procédé, dit-il, depuis six ans que je le pratique, environ 800 jeunes poissons sur 1000 à 1200 œufs. Après une année, je ne retrouvais dans la petite piscine que la moitié des poissons, soit que les autres fussent morts ou qu'ils se fussent échappés. Sauf cette perte, ils réussissent très bien, et j'ai fait depuis trois ans, sur les poissons obtenus de cette manière, une récolte de trois à quatre cents truites par an, qui étaient âgées de trois à quatre ans, et dont les plus grosses pesaient de trois quarts à une livre. » M. Vogt, dans une lettre récemment publiée qui reproduit ce passage de M. Knoche, nous apprend en même temps qu'un arrêt du gouvernement de Neuchâtel, rendu en 1842, donnait aux pêcheurs une instruction complète pour féconder artificiellement les œufs de poissons.

Quelques essais ont également eu lieu en Ecosse et en Angleterre. Après avoir étudié pendant plusieurs années la manière dont les saumons fraient naturellement, M. John Shaw [19] essaya de réunir les conditions qui lui parurent les plus essentielles dans des viviers qu'il fit construire près de la rivière Nith. Ces réservoirs étaient profonds de deux pieds seulement et garnis d'un lit épais de gravier. Ils étaient alimentés directement par l'eau d'une source dans laquelle abondaient des larves d'insectes. Un grillage serré était placé au-devant des conduits par où le trop plein de celle eau devait sortir pour aller gagner la rivière. Ces dispositions une fois prises, M. Shaw féconda les œufs immédiatement au-dessous des points où l'eau tombait dans ses bassins, et les laissa se développer à la même place. Cette mesure lui réussit, et il put élever de la sorte un certain nombre de jeunes saumons pondant deux années et même plus. Il en profita pour faire des observations sur leur accroissement et leurs changements de coloration. À l'âge de six mois, les jeunes saumons avaient deux pouces de longueur (mesure anglaise) ; à un an, trois pouces et trois quarts ; à seize mois, six ponces, et à deux ans, six pouces et demi. À cette dernière époque, où ils revêtent la livrée d'émigration et où on les désigne dans la Grande-Bretagne sous le nom de *parr*, la laitance des mâles était arrivée à un état de maturité suffisant pour pouvoir féconder des œufs de femelles adultes. On doit encore à M. Shaw, ainsi qu'à M. Andrew Young [20] et au docteur Knox, la connaissance approfondie de diverses particularités relatives à la monogamie des saumons et aux manœuvres que la femelle exécute sur la frayère ; mais ces recherches paraissent n'avoir eu aucun résultat pratique digne de quelque attention.

Un ingénieur de Hammersmith, nommé Gottlieb Boccius, a publié en 1848, à Londres, un court traité de l'*Aménagement des Rivières* [21] ; il y préconise la méthode des fécondations artificielles, mais sans produire aucun fait positif prouvant qu'il ait lui-même expérimenté avec succès. Depuis cette époque, il a assuré à M. Milne-Edwards qu'il avait opéré en 1841 sur les cours d'eau appartenant à M. Drummoud dans le voisinage d'Uxbridge, puis dans les propriétés du duc de Devonshire à Chatsvvorth, chez M. Gurnie à Carsalton et chez M. Hihberts à Chalfort. M. Boccius aurait déjà élevé environ deux millions de petites truites.

La découverte de Jacobi avait traversé heureusement, on le voit, l'épreuve de l'application en Angleterre comme en Allemagne. Jusqu'en 1848 cependant, la France était restée fort en arrière dans les essais de ce genre. Bien qu'elle eût, plus que tout autre pays peut-être, besoin de moyens capables de remédier à l'appauvrissement de ses eaux, les agronomes français ne se préoccupaient guère de cette question. Un seul, le baron de Rivière, présenta, en 1840, à la Société centrale d'Agriculture, des considérations très savantes et très sensées sur l'ichthyologie envisagée dans ses rapports avec les besoins de l'homme et les profits de l'agriculture [22]. Il insista notamment sur les avantages qu'il y aurait à prendre au printemps les *bouirons* ou petites anguilles qui abondent à l'embouchure des fleuves et à les disperser dans les viviers, les étangs, les mares et jusque dans les fosses vaseuses, où elles vivent fort bien. Il s'assura qu'on pouvait les transporter vivantes dans des tonneaux pleins d'eau sans qu'elles parussent en souffrir beaucoup ; mais si l'on avait à sa disposition des rivières ou des canaux, il trouvait préférable de se servir de ces bateaux percés de trous, en communication avec l'eau, qu'on appelle *boutiques* ou *bascules*, et dans le midi - *serves*. C'est dans le mémoire de M. de Rivière que se trouve prononcé pour la première fois le mot *pisciculture* ; il l'emploie avec hésitation pour désigner cette nouvelle branche de l'économie rurale, qui, dit-il, est encore à créer.

Section II

L'année 1848 vit commencer en France une ère toute nouvelle pour l'économie des eaux. Nous croyons juste de dire que, si l'application des fécondations artificielles au repeuplement des rivières est due à un naturaliste allemand, c'est dans notre pays que la pisciculture a grandi, s'est perfectionnée, et est arrivée enfin à constituer une industrie véritable. Tous les progrès qui se sont accomplis depuis six ans dans cette branche de la science sont l'œuvre des savants français.

Le premier, M. de Quatrefages [23] fut conduit par des recherches purement scientifiques à s'occuper de la multiplication des poissons. Ce zoologiste, persuadé que les fécondations artificielles feraient disparaître les diverses causes qui nuisent au développement des œufs, conseilla d'employer la caisse à éclosion de Golstein (ou plutôt de Jacobi) pour les poissons d'eau vive.

Pour ceux d'étang ou de vivier, il recommanda de déposer leurs œufs fécondés sur un fond d'herbes aquatiques dans un endroit où l'eau fût tranquille et peu profonde, et de les protéger par des treillis contre les attaques de leurs ennemis. Il fit voir combien l'emploi des procédés découverts par Jacobi faciliterait dans nos cours d'eau l'acclimatation des poissons étrangers. Enfin il indiqua la possibilité de rendre annuel le produit triennal et irrégulier des étangs en les divisant en trois ou quatre compartiments inégaux. Dans le plus petit, on ferait éclore les œufs, et on élèverait le fretin. Chaque année, on chasserait le poisson d'un compartiment dans l'autre, et le dernier bassin pourrait être péché tous les ans.

Le mémoire de M. de Quatrefages eut un grand retentissement, parce qu'il répondait à un des besoins de l'économie rurale, et qu'il permettait d'entrevoir une prospérité toute nouvelle pour l'industrie des étangs et des cours d'eau. Tirant de l'oubli les résultats obtenus en Allemagne pendant le siècle dernier, il ramena l'attention des naturalistes et des agriculteurs sur une question trop longtemps négligée, et dont il serait superflu aujourd'hui de faire ressortir L'importance. L'auteur était sans doute loin de penser que les conclusions auxquelles l'avaient amené ses études seraient presque aussitôt justifiées et confirmées par des expériences entreprises quelques années auparavant, mais qui n'avaient pas encore été rendues publiques. En effet, dans les premiers jours de mars 1849, l'Académie des Sciences apprit par une lettre du docteur Haxo [24], secrétaire de la Société d'émulation des Vosges, que cette société avait récompensé dès l'année 1844 deux pêcheurs de La Bresse, MM. Rémy et Géhin, pour avoir fécondé et fait éclore artificiellement des œufs de truites. M. Haxo ajoutait que MM. Rémy et Géhin possédaient actuellement une pièce d'eau renfermant cinq ou six mille truites depuis l'âge d'un an jusqu'à trois, toutes élevées par ce procédé [25]. Il est impossible de ne pas admirer la sagacité et la persévérance de ces pêcheurs, qui, complètement illettrés et étrangers aux progrès des sciences naturelles, ont trouvé en eux-mêmes la puissance de remédier au dépérissement de leur industrie, et de lui donner un nouvel essor. Non-seulement ils ont refait à grand'peine les observations et les expériences qui occupèrent toute la vie de Jacobi, mais ils sont allés plus loin encore dans la voie de la pratique, et ont presque entièrement résolu le problème.

Quoiqu'ils aient tous les deux grandement participé au succès de l'entreprise, on sait aujourd'hui que les premiers efforts sont dus uniquement à Joseph Rémy, et qu'il ne s'associa Antoine Géhin qu'après avoir déjà à moitié réussi. Rémy étudia d'abord les manœuvres des truites femelles prédis à frayer ; il les vit écarter le gravier avec leur queue et se frotter le ventre pour faciliter la ponte. En ayant pris plusieurs dans cet état, il s'aperçut qu'en les serrant un peu dans la main, il en faisait sortir les œufs mûrs, et que la même chose arrivait pour la laitance des mâles. Alors il suspendit une femelle au-dessus d'un vase plein d'eau, et, au moyen d'une légère pression exercée de haut en bas, il fit tomber les œufs sur lesquels il répandit ensuite de la même manière le liquide fécondant du mâle jusqu'à ce que l'eau fût blanchie. Il mit ensuite ses œufs dans une boite en fer-blanc percée de mille trous et garnie d'une couche de sable à gros grains, il plaça la boite dans une fontaine d'eau pure ou dans le lit d'une rivière ; au bout d'un certain temps, il vit les petits éclore en dégageant leur queue la première.

Ces faits, que Rémy rapporte lui-même dans une lettre adressée en 1843 au préfet des Vosges, sont, on le voit, presque identiques à ceux que Jacobi a consignés dans son mémoire, comme ceux-ci l'étaient aux essais de dom Pinchon ; mais les deux pêcheurs de La Bresse ne s'en tinrent pas là [26]. Ce n'était pas tout d'avoir soustrait les œufs aux chances de destruction qui les menacent lorsqu'ils sont abandonnés à eux-mêmes, il fallait encore assurer le développement des jeunes et leur trouver une nourriture en rapport avec les besoins de leur âge : c'est ce que Rémy et Géhin surent faire. Après deux ou trois semaines d'un régime approprié à ces besoins, ils ouvrirent les boites qui contenaient le fretin, et le laissèrent courir librement dans une pièce d'eau ou dans une portion de la rivière disposée pour le recevoir. Ils avaient eu soin d'y élever à l'avance un grand nombre de grenouilles dont le frai est très recherché par les jeunes truitons. Plus tard, ils recoururent au procédé déjà employé pour l'entretien dans les viviers des poissons carnivores adultes [27].

Rémy et Géhin ont d'abord empoissonné deux étangs situés près du village de La Bresse, plusieurs ruisseaux de leur canton, les cours d'eau de la commune de Waldenstein, et ont jeté environ

50,000 jeunes truites dans la Moselotte, un des affluents de la Moselle. Ces résultats étaient trop considérables et promettaient trop d'avantages à l'industrie de nos rivières pour ne pas attirer l'attention publique et même celle du gouvernement. En 1850, M, Milne-Edwards fut officiellement chargé par le ministre de l'agriculture de s'assurer de l'exactitude des faits annoncés et d'en apprécier la valeur. Après avoir recueilli en Angleterre quelques renseignements sur des expériences de même ordre, il se rendit dans les Vosges, et visita le petit établissement des pêcheurs de La Bresse. Dans un très remarquable rapport [28], il rendit compte, des intéressants travaux de Rémy et de Géhin, et, tout en rappelant que la découverte des fécondations artificielles remontait au siècle dernier, il proclama que les pêcheurs de La Bresse ont été les premiers à en faire chez nous l'application, et qu'ils ont le mérite d'avoir créé ainsi en France une industrie nouvelle. Le savant doyen de la faculté des sciences de Paris concluait à une grande expérience d'empoissonnement des eaux de la France dont il regardait le succès comme probable, si les essais étaient conduits avec sagesse. Il lui semblait que charger de ce travail les deux pêcheurs de La Bresse serait la meilleure récompense que le gouvernement put leur accorder. La Société Philomatique ne tarda pas à émettre un semblable vœu par l'organe de M. de Quatrefages [29].

La première note de M. de Quatrefages, la divulgation des succès obtenus par les pêcheurs de La Bresse, le beau rapport de M. Milne-Edwards, ont imprimé une impulsion puissante à la pisciculture et provoqué de toutes parts des applications variées. C'est sous l'influence de ces premiers travaux que commença sur beaucoup de points de la France la grande expérience qui se poursuit en ce moment. On n'en appréciera pleinement la valeur que lorsqu'elle sera terminée ; mais elle est assez avancée déjà pour permettre d'espérer que dans la plupart des cas la méthode des fécondations artificielles produira d'importants résultats. Un certain nombre de savants éminents et d'habiles praticiens ont pris part à ce mouvement, qui, loin de se ralentir, s'accroît au contraire et se propage chaque jour davantage. Parmi ceux qui ont le plus contribué par leurs écrits ou par leurs études pratiques aux progrès toujours croissants de la pisciculture, outre Rémy et Géhin, outre M. Milne-Edwards et M. de Quatrefages, nous devons citer encore

M. Valenciennes, dont les connaissances en ichthyologie sont si vastes et si profondes ; M. Millet, inspecteur des eaux et forêts ; M. Coste, professeur au Collège de France ; MM. Borthot et Detzem, ingénieurs des ponts et chaussées ; M. Paul Gervais [30] à Montpellier, M. J. Fournet [31] à Lyon, M. F. Defilippi [32] à Turin.

M. Valenciennes [33] a réalisé au moins en partie l'espoir qu'on a souvent conçu de transporter et de faire vivre dans les eaux de la France les poissons les plus estimés des pays étrangers. Il a réussi à amener vivants, depuis la Sprée jusque dans les réservoirs de Marly, cinq espèces différentes représentées chacune par un certain nombre d'individus. Ce sont le *sander (perça lucioperca* de Linné), le *wets* ou *silure (silurus glanis* de Linné), l'*alandt (cyprinus jeses* de Bloch), la *lotte* allemande *(gadus lotta* de Bloch) et le *pitzker (cobites fossilis* de Linné). Cette expérience n'a été faite que sur une petite échelle, mais elle n'en est pas moins très importante, car elle prouve que, dans les circonstances ordinaires, la différence des eaux ne serait pas un obstacle absolu à l'acclimatation des espèces étrangères.

Le même savant a été chargé plus tard par le ministre de la marine d'inspecter les pêcheries de nos côtes. Le rapport où sont consignées les observations recueillies dans le cours de cette mission est resté inédit, et il est regrettable que le savant ichthyologiste n'ait pas pu continuer et étendre des recherches auxquelles l'appelaient si naturellement ses études antérieures.

On doit remarquer avec quelle sage circonspection M. de Quatrefages, M. Milne-Edwards et M. Valenciennes ont présenté les avantages que l'économie rurale devait retirer de l'emploi des fécondations artificielles. Ils ont engagé les propriétaires à des tentatives qui semblaient devoir être avantageuses, mais sans leur promettre toujours des résultats certains. M. Coste a procédé avec moins de réserve. Plein d'une confiance sans bornes dans l'avenir de la pisciculture, il n'a laissé échapper aucune occasion d'exalter les services qu'elle devait rendre. Dans son premier rapport, à la fin de l'année 1850, il affirmait déjà « qu'il n'y a pas une seule branche d'industrie ou de culture qui, avec moins de chances de pertes, offre de plus faciles bénéfices à réaliser [34]. » Plus tard, c'est avec enthousiasme qu'il parle des moyens *éprouvés depuis un siècle* de pourvoir au repeuplement des eaux. Il annonce que dans le Rhône et ses affinons la production sera très prochainement *indéfinie*. Très certainement C'est dans une excellente intention, sans doute dans l'espoir d'entretenir les efforts des expérimentateurs, que M. Coste s'est fait ainsi garant des résultats à venir ; mais n'est-il pas à craindre plutôt qu'en appréciant trop haut quelques succès partiels, il ne compromette le succès général de l'entreprise ? En attendant, ces affirmations absolues semblent justifier jusqu'à un certain point quelques critiques dont le savant professeur a été l'objet, mais elles ne sauraient en rien diminuer la pari qui lui revient dans les perfectionnements récemment apportés à la méthode de Jacobi.

M. Coste a mis d'abord en pratique les moyens proposés par le baron de Rivière pour transporter la *montée* ou les jeunes anguilles et pour les élever dans des espaces restreints [35]. Après avoir fait venir cette montée de l'embouchure de l'Orne au Collège de France dans des paniers plats garnis d'herbes aquatiques, il lui a donné pour nourriture un hachis composé de la chair des animaux qui ne servent pas à l'alimentation, de celle des mollusques et des insectes terrestres. Les petites anguilles qui en arrivant avaient en moyenne de 6 à 7 centimètres de long et 1 centimètre de circonférence avaient acquis, après vingt-huit mois de ce régime, 33 centimètres de long et 7 de circonférence. M. Coste fait remarquer avec raison qu'on pourrait utiliser de la sorte les cadavres des animaux vertébrés qui ne servent pas à la nourriture de l'homme. Il ajoute que les insectes nuisibles serviraient tout aussi efficacement à engraisser les poissons. « On rendrait ainsi un grand service à l'agriculture, dit-il, car on finirait par la délivrer de l'un de ses fléaux. » Il est à regretter que le savant professeur ne soit entré dans aucun détail sur la manière la plus propre à amener la capture de ces insectes, dont les cultivateurs auraient tant d'intérêt à se débarrasser, lors même qu'ils ne trouveraient pas à en faire un emploi profitable.

L'auteur des *Instructions pratiques sur la pisciculture* a été ensuite appelé à s'occuper de l'organisation d'un vaste établissement de fécondation artificielle. En 1850, les deux ingénieurs du canal du Rhône au Rhin, MM. Detzem et Berthot, après s'être rendus à La Bresse sur l'invitation du préfet du Doubs, avaient pratiqué à Huningue les méthodes de Rémy et Géhin. À la suite de leurs premiers essais, ils s'étaient livrés à des calculs hypothétiques,

Section II

desquels il résultait que la population actuelle des eaux de la France ne s'élève pas à vingt-cinq millions de poissons et ne rapporte pas annuellement 6 millions de francs (ce chiffre est en effet beaucoup trop fort), mais que si l'on appliquait partout les procédés de fécondation artificielle, le nombre des poissons serait porté, au bout de quatre ans, à trois milliards cent soixante-dix-sept millions cinq cent mille, et donnerait un revenu de 900 millions de francs [36]. À Lœcblebrunn, à quelques kilomètres d'Huningue, MM. Detzem et Berthot avaient posé les bases d'une grande piscine où en 1852 ils opérèrent de nombreuses fécondations en se servant d'une boite à éclosion qui ne diffère en rien de celle de Jacobi. Ils assurent y avoir obtenu des métis de truite et de saumon [37].

Le ministre de l'agriculture chargea M. Coste de visiter le nouvel établissement. Dans un rapport favorable sur les travaux de MM. Berthot et Detzem [38], le professeur du Collège de France demanda et obtint qu'un développement considérable fût donné à la piscine ou plutôt à la *piscifacture* d'Huningue, comme il proposa de l'appeler. Il y fit appliquer en grand un appareil à éclosion que nous aurons à décrire, adopta toutes les mesures qu'il jugea les plus convenables, et, dans son *Mémoire sur les Moyens de repeupler les eaux de la France*, il s'engagea devant l'Académie des Sciences à faire en juin 1853 une livraison de six cent mille truites ou saumons assez développés pour être jetés dans nos fleuves. Nous n'avons pas visité l'établissement d'Huningue, et nous ignorons s'il est organisé de manière à tenir une partie des promesses que ses fondateurs ont souvent formulées ; mais, d'après les renseignements qui nous sont arrivés de plusieurs côtés, il paraîtrait que les succès n'ont pas toujours été aussi complets qu'on pouvait l'espérer d'abord. Il est donc fort à craindre qu'au bout de quatre ans et même plus Huningue n'ait pas encore réussi à repeupler à lui seul toutes les eaux de la France et à leur faire produire les 000 millions de francs promis par MM. Berthot et Delzem.

Quoi qu'il en soit, les rapports établis entre cette piscifacture et le Collège de France ont fourni à M. Coste l'occasion de faire de curieuses observations sur le transport des œufs et la durée de leur vitalité après qu'on les a tirés de l'eau. Des œufs de saumon et de truite, envoyés de Mulhouse par la diligence, sont éclos en très grand nombre au Collège de France. On avait eu seulement la précaution de les entourer d'herbes aquatiques humides, dans une boite de fer-blanc percée de trous à sa paroi supérieure [39]. D'autres œufs fécondés artificiellement, disposés dans une boite de sapin par couches alternant avec du sable humide, sont restés ainsi deux mois dans une chambre froide. Au bout de ce temps, ils étaient seulement ridés ; mais ayant mis la boite dans l'eau pour les humecter à travers le sable, M. Coste les a vus reprendre bientôt leur apparence habituelle, et ils n'ont pas tardé à éclore.

Pour rendre possibles et praticables dans son laboratoire les expériences qu'il avait entreprises, M. Coste dut adopter un appareil n'occupant que peu d'espace, et auquel un simple filet d'eau pût suffire. Les dispositions qu'il a choisies sont très simples. Cet appareil, que du reste nous avons vu fonctionner plusieurs fois, est un assemblage de petites rigoles rangées en gradins de chaque côté d'une rigole supérieure qui sert à alimenter toutes les autres. Le fond de chacune de ces rigoles est garni d'une couche de gravier. Un robinet laisse tomber un filet d'eau continu à l'une des extrémités de la rigole supérieure. On courant s'établit alors vers l'extrémité opposée, et là, une échancrure latérale lui offrant une issue à droite et à gauche, il se brise en deux chutes d'eau qui vont alimenter les deux rigoles placées immédiatement au-dessous. Celles-ci ont aussi des échancrures par où l'eau se précipite dans les rigoles inférieures, dont on peut accroître le nombre à volonté.

À la suite des éclosions obtenues dans cet appareil, M. Coste a pu parquer deux mille jeunes saumons dans un canal en terre cuite, ayant 55 centimètres de longueur, 15 de large et 8 de profondeur, ou, dit-il, le courant est entretenu par un simple filet d'eau de la grosseur d'une paille. Il leur donna pour nourriture une *pâtée formée de chair musculaire réduite en fibrilles déliées*, de préférence au sang bouilli dont s'étaient servi Rémy et Géhin. Un saumon élevé de la sorte dans un ruisseau artificiel, long de 2 mètres et large de 50 centimètres, était, à l'âge de six mois, plus grand que ceux de même âge pris dans les rivières de l'Ecosse et figurés dans l'ouvrage publié sous le pseudonyme d'*Ephemera* [40]. Tels sont les principaux résultats dus à M. Coste. Il a dernièrement réuni ses mémoires et ses rapports en un volume sous le titre d'*Instructions pratiques sur la pisciculture*. Il expose dans ces instructions les connaissances antérieurement acquises et celles qu'il a retirées de son expérience personnelle, et il adopte quelques-unes des améliorations introduites par M. Millet dans l'exercice de la nouvelle industrie. Nous regrettons que l'auteur de ce petit livre, écrit d'ailleurs avec élégance et clarté, n'ait pas cité plus souvent les sources où il a puisé.

Le jour même où M. Coste présentait son ouvrage à l'Académie des Sciences, M. de Quatrefages lisait devant ce corps savant des recherches sur la laitance de quelques poissons d'eau douce [41]. La question traitée dans ce mémoire est fondamentale, et avant qu'elle eût été résolue, il était impossible d'apporter toute la précision nécessaire dans les fécondations artificielles. Ce travail a donc une grande importance au double point de vue de la physiologie comparée et des applications de la zoologie. On sait, d'après les expériences de Prévost de Genève et de M. Dumas, que la laitance doit ses propriétés physiologiques à la présence d'animalcules [42] qui s'agitent d'une façon très caractéristique, et que tout pouvoir fécondant disparaît du moment que ces animalcules meurent. Or M. de Quatrefages montre que la durée de ces mouvements est extrêmement courte chez les poissons, même dans les circonstances les plus favorables. Ainsi, dans la laitance du brochet délayée dans l'eau, toute vitalité s'arrête au bout de 8 minutes et 10 secondes. Les animalcules du gardon sont tous morts au bout de 3 minutes et 10 secondes, et ceux de la carpe au bout de 3 minutes seulement. Cette période d'activité est encore plus restreinte dans la perche et le barbeau, car elle n'atteint que 2 minutes 40 secondes chez celle-là, et 2 minutes 10 secondes chez le dernier. Elle n'est pas non plus la même chez tous les animalcules d'un même poisson, et la moitié d'entre eux périssent une fois plus vite. En outre, les chiffres précédents sont pris au degré de chaleur qui favorise le plus la durée des mouvements, et des variations, même assez légères, au-dessus et au-dessous de ce point, les arrêtent avec une grande rapidité. La température qui entretient le plus longtemps la vitalité des animalcules est pour les poissons d'hiver, comme la truite, de 4 à 7 degrés ; pour ceux de premier printemps, de 8 à 10 ; pour ceux de second printemps, comme la carpe et la perche, de 14 à 16, et pour les espèces d'été, de 20 à 25. Lorsque la température dépasse un peu ces diverses limites, le surcroît d'énergie des animalcules compense jusqu'à un certain point la moindre durée de leur vitalité. Ces résultats s'appliquent à ceux qui sont disséminés dans l'eau ; lorsqu'ils restent unis par petites masses, ils meurent beaucoup moins vite. Les propriétés de la laitance se conservent aussi pendant un temps infiniment plus long, lorsqu'elle n'est pas délayée, et surtout lorsqu'on la maintient à une température très basse. Elle peut même être gelée sans que la mort des animalcules s'ensuive toujours. « M. Millet, qui m'a aidé dans toutes ces recherches, dit M. de Quatrefages, a imaginé de mettre des laitances avec de la glace dans une boite de fer-blanc, de manière que l'eau puisse s'écouler à mesure que la glace fond, puis de disposer cette première boite dans une caisse de bois percée de très petits orifices, et remplie elle-même de glace. » Grâce à ces précautions, le savant académicien a pu conserver des laitances en état de servir pendant 64 heures. Il est digne de remarque que la propriété fécondante disparaît d'abord dans la portion de l'organe mâle où le liquide est le plus complètement élaboré, et qu'elle persiste encore quelque temps après dans les parties profondes.

L'ensemble de ces faits explique la plupart des insuccès survenus à la suite d'opérations en apparence bien conduites. Ils montrent que les manœuvres doivent s'effectuer avec une extrême célérité, et qu'on doit tenir un très grand compte de la température de l'eau. On peut en conclure aussi que l'époque du frai dans certaines localités doit varier en raison des phénomènes atmosphériques, que la courte vitalité de la laitance estime des causes qui s'opposent au croisement des espèces dans la nature, et que l'instinct jusqu'alors inexpliqué qui porte les truites et les saumons à remonter vers la source des cours d'eau tient au besoin qu'éprouvent ces animaux de trouver un degré de température convenable à la fécondation et au développement de leurs œufs. M. de Quatrefages a encore déduit de ses recherches des données d'une grande valeur pour la pratique et éminemment propres à régulariser les méthodes de fécondation artificielle [43]. Les résultats contenus dans le mémoire de M. de Quatrefages impriment à ces méthodes la rigueur scientifique dont elles manquaient jusqu'alors, et ils tendent à doter la pisciculture de règles fixes et précises.

Pour compléter le tableau sommaire des progrès que la pisciculture a accomplis depuis l'antiquité jusqu'à nos jours, et faire connaître l'état actuel de cette industrie, il nous reste à signaler les perfectionnements nombreux et importons qui sont dus à M. C. Millet, inspecteur des eaux et forêts [44].

C'est un fait reconnu que les poissons ne déposent jamais tout leur frai en une seule fois. Les œufs n'arrivent pas tous ensemble à l'état de maturité. Lorsqu'elle est livrée à elle-même, la femelle revient à différentes reprises sur la *frayère*, où le mâle la suit constamment, et ce n'est qu'après un certain nombre de jours que l'expulsion des œufs est achevée. Quoiqu'on ait déjà remarqué que les œufs mûrs seuls quittent l'ovaire et se trouvent dans la cavité abdominale, on avait cependant toujours conseillé d'opérer les fécondations artificielles d'un seul coup, en pressant sur les côtés du ventre de la femelle pour en faire sortir le frai. Nul doute que dans bien des cas cette pratique, que rien ne venait régler, se soit effectuée avec une violence aussi nuisible au développement d'un grand nombre des produits qu'à la santé de l'animal ainsi opéré.

Frappé de ces inconvénients et convaincu des avantages qu'on trouve toujours dans la stricte imitation de la nature, M. Millet a eu soin de ne récolter les œufs que par portions et en plusieurs jours à mesure qu'ils devenaient complètement mûrs, et de les faire tomber dans l'eau simultanément avec la laitance du mâle. Comme la captivité a souvent une influence fâcheuse sur les fonctions génératrices des poissons, M. Millet ne les prend qu'au moment même d'opérer la fécondation et les remet immédiatement après en rivière en les tenant à l'attache au moyen d'une ficelle passée dans les ouïes. Ils vivent très bien dans cet état et ne paraissent pas en souffrir notablement. Quelquefois aussi M. Millet s'est servi de frayères artificielles qui rappellent celles de Lund, mais qui sont plus parfaites. Ce sont des sortes de cages à deux fonds, le premier consistant en un châssis de barreaux à claire voie, le second en un tamis mobile en toile métallique. Les femelles, en se frottant sur les barreaux, lâchent leurs œufs, qui tombant sur le tamis. Les mâles étant introduits en même temps dans l'appareil, il arrive ordinairement que la fécondation s'effectue naturellement. Ce mode de récolte a l'avantage de ne laisser perdre aucune portion des œufs, tandis qu'on court ce risque en tenant les femelles à l'attache dans les rivières.

L'appareil d'incubation dont se sert M. Millet varie un peu suivant les circonstances, mais il reste toujours très simple, très commode et très économique. Si le développement de l'œuf doit avoir lieu hors de l'eau où vivent les pareils, soit dans un appartement, soit sous un hangar, on se procure un vase quelconque dont la rapacité soit de trente à trente-cinq litres, et au fond duquel on entasse du gravier, du sable et du charbon de manière à constituer un filtre. Une eau purifiée s'écoule de ce réservoir par un robinet situé à sa partie inférieure et tombe dans des rigoles placées en gradins qu'on peut multiplier à volonté. Cette disposition est tout à fait semblable, comme on le voit, à celle qu'avait déjà choisie M. Coste ; mais M. Millet y a apporté un perfectionnement que du reste, hâtons-nous de le dire, le savant professeur du Collège, de France s'est empressé d'adopter à son tour.

Si pure que soit une eau courante, elle entraîne toujours avec elle et dépose sur le fond qu'elle recouvre des molécules étrangères, qui, si elles s'arrêtaient sur les œufs, finiraient par les entourer d'une sorte de vase favorable au développement de byssus ou moisissures. Pour parer à cet inconvénient, M. Millet a imaginé de suspendre les œufs à une petite distance au-dessous de la surface de l'eau. Déjà M. Vogt [45] avait eu soin de les mettre dans un sac de mousseline perméable de toutes parts, qu'il jetait au lac après l'avoir attaché à un pieu ou maintenu en place par une grosse pierre. En partant du même principe, M. Millet est arrivé à un résultat plus complet et plus sûr. Il place les œufs sur des tamis que de petites tringles glissant sur les bords des rigoles portent à la hauteur désirée. Cet habile expérimentateur a employé successivement des tamis de diverses substances, de crin, de soie, d'osier, etc., et a fini par donner la préférence aux toiles métalliques galvanisées, qui ont plus de solidité et de durée, ne s'altèrent pas, se nettoient très bien à l'aide d'une brosse et ne sont que très rarement envahies par les algues [46].

La dépense d'établissement d'un semblable appareil d'incubation est tout à fait insignifiante. Toute la main-d'œuvre consiste à remplir soir et matin le réservoir, à remuer le tamis une fois par jour et à enlever les œufs qui deviendraient opaques. Depuis plusieurs années, des œufs de truite, de saumon, d'ombre-chevalier, etc., se sont développés de la sorte et sont éclos en quantités considérables dans l'appartement même que l'expérimentateur occupe à Paris, au milieu de la rue Castiglione.

Lorsqu'on peut opérer dans l'eau même d'une rivière, d'un lac ou d'un étang, M. Millet recommande l'emploi de tamis doubles en toiles métalliques qu'on maintient à une hauteur convenable à l'aide de flotteurs, et qui suivent toutes les variations du niveau de l'eau. Pour les espèces qui fraient en eau dormante, il garnit le double tamis d'herbes aquatiques, ou se borne à placer leurs œufs dans de grands baquets avec des plantes qui empêchent l'eau de se corrompre. Lorsqu'on veut transporter les œufs fécondés à de grandes distances, M. Millet conseille de les placer dans une boite plate en couches peu épaisses, entre deux linges mouillés. Il en a expédié dans ces conditions à Florence, qui sont arrivés chez M. Vaj et chez le professeur Cozzi après vingt ou vingt-cinq jours de route, et n'ont pas tardé à y éclore. L'usage des linges humides est préférable à celui des herbes aquatiques ; les linges se dessèchent moins rapidement et facilitent le déballage, qui, dans l'autre cas, exige beaucoup de temps et de précautions. M. le marquis de Vibraye, à qui la Sologne doit tant d'améliorations utiles, et qui a déjà introduit dans ses propriétés de nombreuses truites provenant de fécondations artificielles, s'est également servi avec avantage de petits coussinets en ouate. Lorsqu'il s'agit d'œufs très délicats, et que le transport doit s'opérer pendant l'été, M. Millet emploie quelquefois la petite glacière portative dont nous avons déjà donné la description.

Une fois que les jeunes poissons ont résorbé complètement leur vésicule ombilicale, c'est-à-dire quelques semaines après l'éclosion, l'auteur de ces curieuses expériences est d'avis qu'il ne faut pas chercher à les nourrir en captivité, et qu'il vaut mieux les disséminer immédiatement dans les eaux où ils sont destinés à vivre, en ayant soin toutefois de les placer dans des lieux convenables où ils trouveront du frai de grenouilles, des lymnées, des planorbes, etc. Ils doivent, dès ce moment s'essayer à chercher leur proie, et ainsi ils n'auront point à souffrir des changements d'eau, de nourriture et d'habitudes auxquels ils sont nécessairement soumis, si on les élève artificiellement dans des bassins ne communiquant pas avec les cours d'eau qu'ils habiteront.

C'est principalement dans les départements de l'Eure, de l'Aisne et de l'Oise que M. Millet a mis en pratique ces diverses méthodes. Des procès-verbaux émanant des autorités locales constatent les résultats importants qu'il a obtenus. M. Millet s'est livré en même temps à des observations délicates qui l'ont déjà conduit à quelques applications heureuses [47]. Il a recherché quelle était l'action de l'eau salée ou saumâtre sur les œufs des poissons qui quittent la mer pour frayer dans les eaux douces, et il a reconnu qu'elle est nuisible à leur développement dans les circonstances ordinaires, ce qui donne la raison d'être de l'émigration de ces animaux. Cependant le sel, qui ferait périr les œufs bien portons, à la singulière propriété de les guérir lorsqu'ils sont attaqués de taches blanches. Ces taches, qui probablement s'étendent de la surface au centre et qui amèneraient la destruction de l'œuf, si on les laissait grandir, disparaissent dans une eau très légèrement salée, et, quand on le traite à temps, le jeune poisson peut être ainsi sauvé. Il résulte encore des observations de M. Millet que la mortalité des œufs atteint toujours son maximum à l'époque où l'embryon commence à se constituer ; en conséquence, il conseille de n'en effectuer le transport que lorsque les yeux deviennent visibles, ou bien immédiatement après la fécondation. Il a remarqué enfin que les taches blanches d'une part, et les algues ou byssus de l'autre, envahissent beaucoup plus rarement les œufs de truite et de saumon à une température basse que si celle-ci est portée au-dessus de 10 degrés.

Là se termine le rapide exposé des applications que la zoologie a fournies à l'économie des étangs et des cours d'eau, et des progrès que cette industrie a faits dans ces dernières années. Les travaux des pêcheurs de La Bresse, Joseph Rémy et Géhin, et ceux de M. de Quatrefages, de M. Coste et de M. Millet représentent l'état actuel de cette branche de la science agricole. C'est à eux que revient l'honneur d'avoir perfectionné et régularisé les méthodes, et d'avoir arrêté les bases d'une culture jusqu'alors fort vague et fort précaire [48].

Section III

Les procédés que nous avons analysés ne se prêtent pas tous également à une application facile et profitable. Il reste donc à en comparer les avantages respectifs, pour arrêter l'ensemble de mesures que devront adopter les pisciculteurs.

Le premier soin à prendre, lorsqu'on veut peupler une rivière ou un étang, c'est de chercher quelles sont les espèces de poisson qui s'accommoderont le mieux des conditions qui s'y trouvent réunies. Si l'on ne veut pas s'exposer à de trop sûrs mécomptes, il faut avant tout que la nature, la température habituelle, la profondeur et les diverses qualités des eaux à ensemencer s'accordent avec les besoins, les instincts, les habitudes et le genre de vie des animaux qui s'y développeront. Ces recommandations se trouvent dans tous les livres, mais on ne saurait trop les rappeler : c'est bien certainement pour avoir négligé de telles convenances, ou pour les avoir mal appréciées, que certains pisciculteurs ont vu échouer leurs tentatives, alors qu'elles étaient d'ailleurs habilement exécutées.

Lors donc qu'on aura pour ainsi dire étudié son terrain à l'avance, et qu'on aura déterminé quelle sorte de poisson a le plus de chance d'y prospérer, on ne devra chercher à se procurer les étalons nécessaires à la multiplication des espèces choisies qu'à l'époque même de la fraie, car très souvent les produits s'altèrent dans le corps des poissons que l'on condamne à une étroite captivité. Cet inconvénient ne se présente pas si l'on peut mettre ces animaux en réserve dans des viviers attenant aux rivières ou aux étangs dans lesquels on les a pêchés. Autrement on les tiendra à l'attache dans les lieux mêmes où ils vivaient. Il est important, avant d'effectuer la fécondation, de tenir compte de la température de l'eau, qui influe si puissamment sur la propriété de la laitance, comme l'a si bien montré M. de Quatrefages, et probablement aussi sur la vitalité de l'œuf lui-même. Quoique M. Vogt ait vu prospérer des œufs de palée [49]après qu'ils avaient été pris dans la glace, ce froid extrême suffit ordinairement à les faire périr.

La récolte des éléments mâle et femelle doit se faire à diverses reprises et en plusieurs jours. Il parait utile, dans beaucoup de cas, de soustraire les produits à toute influence extérieure, et de ne pas les tirer de leur milieu naturel. Pour cela, on prend une femelle et un mâle qu'on incline l'un auprès de l'autre à la surface de l'eau. On les arque faiblement en dessus, ce qui produit une contraction vive et suffit ordinairement à déterminer l'écoulement des produits mûrs. Si cette sortie offre quelque difficulté, on peut la provoquer en passant le doigt sous le ventre, mais sans aucun effort. Le mélange simultané ou presque simultané des œufs et de la laitance est nécessaire dans la plupart des cas, car chez certains poissons, comme la truite, les animalcules de la laitance ne vivent pas même une minute, et chez d'autres, comme la carpe, l'enveloppe mucilagineuse de l'œuf se gonfle rapidement dans l'eau, et s'oppose ensuite à l'imprégnation. Pour ce dernier motif, il faut toujours s'abstenir de laver les œufs avant la fécondation, ainsi que quelques personnes avaient conseillé de le faire.

Les œufs une fois fécondés seront placés dans un appareil semblable à ceux de M. Coste et de M. Millet : mais il nous paraît toujours préférable, lorsqu'on peut le faire, d'employer le double tamis ou incubateur flottant de ce dernier expérimentateur. On opère alors la fécondation dans la partie inférieure de ce tamis, placée au milieu d'un baquet plein d'eau, et après l'avoir fermé avec le couvercle, on transporte le tout à la rivière qu'on veut ensemencer : de la sorte, le frai ne subit aucun changement d'eau depuis sa sortie du ventre de la femelle jusqu'au terme de son développement. Quand les œufs sont libres, on les laisse tomber au fond du tamis. Si l'on a affaire à des œufs adhérents, comme ceux de la carpe, de la tanche ou du barbeau, on a soin d'introduire préalablement dans le tamis des plantes aquatiques ou des brindilles. Le petit appareil est muni de flotteurs et retenu à des piquets par une corde, avec laquelle il est facile de le ramener au rivage, quand on veut le visiter. Après que les jeunes poissons sont éclos, et que leur vésicule ombilicale est complètement résorbée, on ouvre le tamis et on les répand ainsi dans les lieux mêmes où ils doivent vivre. On choisit pour cela des endroits peu profonds que préfère généralement l'alevin et que ne fréquentent pas les gros poissons, ou bien des viviers attenant à des cours d'eau. Les poissons de ce premier âge ont une grande agilité et échappent ordinairement aux poursuites de leurs ennemis en se blottissant entre les cailloux et en se cachant sous les herbes ou les racines des arbres. Ils se nourrissent alors naturellement de lymnées, de planorbes, de petits vers ou du frai des grenouilles, mais bientôt il devient utile de leur jeter aussi des détritus de boucherie et de cuisine, et généralement, comme l'a conseillé M. Coste, toutes les substances animales qui ne sont pas utilisées. Il paraîtrait toutefois que quelques-unes de ces substances peuvent devenir nuisibles aux poissons, et M. Sivard de Beaulieu a remarqué que ses truites mouraient toujours après avoir mangé des salamandres terrestres. La putréfaction des matières qui ne sont pas dévorées n'offre pas d'inconvénients dans une masse d'eau fréquemment renouvelée comme l'est celle d'une rivière, tandis que pour cette raison et pour beaucoup d'autres l'alimentation artificielle des jeunes poissons dans d'étroits réservoirs est presque impraticable. On devra donc toujours les disséminer après la résorption de leur vésicule, sans chercher à les élever péniblement dans de petits appareils.

Ces diverses opérations sont, comme on le voit, très simples et très faciles, et peuvent être menées à bonne fin par tout le monde en peu de temps et à peu de frais ; mais il est évident que la réussite dépend beaucoup du tact et de la prévoyance de l'opérateur, et qu'ici, comme dans toutes les industries, l'habileté individuelle aura toujours une grande influence sur les résultats. Nul doute aussi qu'une pratique prolongée et suffisamment étendue n'arrive bientôt à perfectionner encore l'application des nouvelles méthodes et ne réduise beaucoup les chances d'insuccès. Tout fait donc espérer que dans un avenir prochain la pisciculture aura droit de cité parmi les sciences utiles et qu'elle est destinée à résoudre un des ternies importons du grand problème de la vie à bon marché.

Ce résultat si désirable serait singulièrement hâté, si le gouvernement se décidait à prendre quelques mesures énergiques. Il faudrait qu'il fît réviser complètement par des hommes compétents la législation des pêches fluviale et marine, et fît opérer la fécondation artificielle dans toutes les eaux douces de la France, en même temps qu'un service d'observation et de surveillance serait organisé sur nos côtes. En émettant ce vœu, nous ne sommes que l'écho de tous les savants et de tous les économistes qui ont touché à cette question.

Déjà, à la vérité, l'état a fait un premier pas dans la voie où nous souhaitons de le voir entrer complètement. Il a décrété la piscifacture d'Huningue. Nous sommes loin de nier les services que cet établissement peut rendre par la suite ; mais il est de toute évidence qu'il ne suffira jamais au repeuplement des eaux de la France tout entière, et qu'il ne répond que très imparfaitement aux besoins présents de la pisciculture. Si de trop grands obstacles s'opposent à la mise en œuvre de cette vaste expérience sur toute la surface du pays, il serait du moins facile à l'état de l'entreprendre dans des proportions plus restreintes, bien qu'encore considérables, et sans grever le budget d'aucune charge nouvelle. Il n'aurait pour cela qu'à profiter des ressources que lui offre l'administration des eaux et forêts. En effet, cette administration dispose d'une étendue de canaux et de rivières qui atteint presque 8,000 kilomètres, et elle possède un personnel tout prêt et déjà rompu aux diverses pratiques de l'aménagement des eaux. Le nombre de ses simples garde-pêches s'élève à quatre cent vingt-sept, sans compter les gardes généraux, sous-inspecteurs et inspecteurs qui les dirigent, et qui tous sont préparés par leurs études antérieures à des applications de ce genre. Voilà donc un service largement organisé qui se prêterait admirablement à des essais de pisciculture sur une grande échelle, et qui même ne serait point par-là détourné de ses attributions naturelles.

Il faut espérer qu'on ne tardera pas à être frappé de ces faciles avantages, et qu'on s'efforcera d'obtenir au moins une partie des résultats que promet la nouvelle industrie. Livrés à leurs propres ressources, les propriétaires n'ont pas hésité à tenter les risques de l'expérience ; mais à côté de leurs efforts isolés et restreints, n'est-ce pas à l'état qu'il appartient de faire prospérer et d'étendre les méthodes imaginées par Jacobi, et que les savants français ont déjà portées à un haut degré de perfection ?

Notes

1. Philosophical Transactions of the Royal Society of London, t. LVII, p. 280. 1768.

2. Mémoires de l'Académie royale des Sciences de Suède, t. XXIII, édit. allemande, p. 192. 1761.

3. Valenciennes et Fremy, Recherches sur la composition des oeufs dans la série des animaux, mémoire lu à l'Académie des Sciences dans la séance du 20 mars 1854.

4. Filets destinés a barrer les rivières.

5. Le mal s'est encore accru par les envahissements de l'industrie manufacturière ainsi que par les travaux de toute sorte qu'ils ont nécessités. Les usines se débarrassent dans les cours d'eau

de leurs acides et de leurs sels devenus inutiles ; les blanchisseurs y jettent leurs chlorures. Il faut souvent pour exécuter les dragages ou les curages mettre à sec le lit des rivières. Enfin les bâtiments à vapeur, par les brusques mouvements qu'ils déterminent dans l'eau, soulèvent et portent sur les berges les jeunes poissons, qui bientôt s'y trouvent arrêtés et y périssent. Ces dernières causes de destruction sont peut-être plus funestes encore au développement de l'alevin que les pratiques coupables des braconniers.

6. Histoire de l'empire de la Chine, t. Ier, p. 35. 1735.

7. De Re Rusticâ, lib. VII, c. 16 (trad. Saboureux de Bonneterie).

8. De Re Rusticâ, lib. III, c. 17.

9. Voyez, pour plus de détails, Noël de la Morinière, Histoire des Pêches, t. Ier, 1815, Cuvier et Valenciennes, Histoire naturelle des Poissons, t. I, 1828, et Dureau de la Malle, Économie politique des Humains, t. II, 1840.

10. Les diverses éditions de cet ouvrage portent des titres différens : Trattato dell' agricollura, 1305 ; Opus ruralium commodorum, etc. Charles V en a fait faire en 1486 une traduction française, qui est intitulée : Prouffîcts champêtres et ruraux.

11. M. de Montgaudry a fait connaître la boite à éclosion de dom Pinchon dans l'une des dernières séances de la Société zoologique d'acclimatation, et il a bien voulu nous renseigner en outre sur la manière dont le moine de Réome pratiquait la fécondation des œufs.

12. Voyage dans les Deux-Siciles, trad. G. Toscan, t. XI, p. 141 et suiv.

13. Von Pflanzung der Fische in inlandischen Seen - Mémoires de l'Académie des Sciences de Suède, t. XXIII. 1761. Traduction allemande de Kastner, p. 184.

14. Marc Eliezer Bloch, Ichthyologie générale et particulière, première partie, p. 94, 1795.

15. Elle se trouve aussi in extenso dans William Yarell, History of British fishes, t. II, p. 87,1841, et à la fin des Instructions pratiques sur la Pisciculture, par M. Coste, 1853.

16. Ce fait est constaté par une lettre de M. le docteur Schutt,

de Francfort, récemment écrite à M. Milne-Edwards. C'est dans la principauté de Lippe-Detmold qu'ont eu lieu les expériences de M. Schmittger.

17.   Ernst Friedrich Hartig, Lehrbuch der Teichwirthschaft, p. 411,1831.

18.   Zeitschrift für die landwirthschaftlichen Verein des Grossherzogthums Hesen, n° 37, p. 407, 1840.

19.   Transactions of the Royal Society of Edinburgh, t. XIV, p. 547. 1840.

20.   Natural History and habits of the Salmon. Wick, 1848.

21.   Trealise of the management of fish in rivers and streams. 1848. — La traduction allemande de cet ouvrage par Arnold Gunderlich, 1851, contient en outre des extraits de MM. Loudon, de Quatrefages, Milne-Edwards, etc.

22.   Mémoires de la Société centrale d'Agriculture, t. XLVIII, p. 171. 1840.

23.   Comptes-rendus de l'Académie des Sciences, t. XXVII, p. 413. 1848. — Journal d'agriculture et de jardinage, n° de décembre 1848. Voyez aussi la Revue des Deux Mondes du 1er janvier 1849.

24.   Comptes-rendus de l'Académie des Sciences, t. XXVIII, p. 351. 1849.

25.   Le tome V des Annales de la Société des Vosges, p. 235, 1844, contient un rapport où il est question des fécondations artificielles opérées par Bénir et Géhin, et de l'incubation des œufs dans des boites en fer-blanc percées de mille trous ; mais on n'y trouve l'indication d'aucun des résultats pratiques signalés plus tard par M. Haxo.

26.   Haxo, d'Epinal, de la Fécondation artificielle et de l'éclosion des œufs de poisson, deuxième édition, p. 22, 1853, et Guide du pisciculteur, 1854. Voyez aussi le rapport du docteur Turck au comice agricole de Remiremont, 1850.

27.   « Pour nourrir leurs jeunes truites, dit M. de Quatrefages, ils semèrent à côté d'elles d'autres espèces de poissons plus petites et herbivores. Celles-ci s'élèvent et s'entretiennent elles-mêmes aux dépens des végétaux aquatiques ; à leur tour, elles servent d'alimens aux truites, qui se nourrissent de chair. Ces pêcheurs sont ainsi

arrivées à appliquer à leur industrie une des lois les plus générales sur lesquelles reposent les harmonies naturelles de la création animée. » En raison des nécessités de leur régime carnivore, il est important de ne mettre ensemble que les truites de même âge, autrement les petites deviendraient la pâture des grosses, et encore ne parvient-on pas toujours, en prenant cette précaution, à éviter complètement les funestes effets de leur voracité.

28. Annales des sciences naturelles, troisième série, t. XIV, p. 53, 1850 ; Journal d'agriculture pratique, troisième série, t. I, p. 593, etc.

29. Journal d'agriculture pratique du 5 juin 1852.

30. Bulletin de la Société d'agriculture de l'Hérault, juillet 1852.

31. Mémoires de la Société d'agriculture de Lyon, mai 1853.

32. Importanza economica dei pesci e del loro allevamento artificiale.

33. Rapport sur les espèces de poissons de la Prusse qui pourraient être importées et acclimatées dans les eaux douces de la France. — Annales agronomiques, t. II, p. 213, 1851.

34. Instructions pratiques sur la pisciculture, p. 34.

35. Comples-rendus de l'Académie des Sciences, t. XXIX, p. 797, 1849, et t. XXX, p. 813, 1850. — Instructions pratiques sur la pisciculture, p. 84.

36. Fécondation artificielle des poissons (Société d'émulation du Doubs), p. 18, 1851.

37. Rapport sur les faits constatés à Huningue depuis le 8 mai 1851 jusqu'au 7 mai 1852.

38. Instructions pratiques sur la pisciculture, p. 96.

39. Comptes-rendus de l'Académie des Sciences, t. XXXIII, p. 124, 1852.

40. The Book of the Salmon, by Ephemera assisted by Arthur Young. Voyez aussi Annales agronomiques, t. Ier, p. 234, 1851.

41. Comptes-rendus de l'Académie des Sciences, séance du 30 mai 1858, t. XXXVI, p. 936. — Annales des sciences naturelles, troisième série, t. XIX, p. 341, 1853.

42. Nous employons ce mot pour être compris de tout le monde ; il est aujourd'hui bien démontré que les corpuscules dont il est ici question ne sont pas de véritables animaux, mais seulement des zoïdes ou pseudozoaires.

43. Puisque le liquide mâle, complètement élaboré, perd le premier ses propriétés fécondantes, on ne devra employer dans les cas douteux que celui qu'on exprime des laitances elles-mêmes. La vitalité des animalcules n'étant pas détruite par le froid dans l'intérieur de l'organe mile, il ne faudra pas rejeter comme inutiles les laitances gelées. Si la fécondation ne peut être opérée qu'après la mort de l'animal, il est bon d'enlever les laitances et de les conserver dans un linge mouillé. En raison de l'extrême brièveté de la vie des animalcules et de l'obstacle que le gonflement de l'enveloppe peut apporter à la fécondation, il est utile pour certaines espèces de faire couler simultanément dans le même vase les œufs et le produit mâle et de rendre ainsi le contact instantané. On s'abstiendra toujours de laitancer l'eau à l'avance.

44. Rapport au directeur général des eaux et forêts sur le repeuplement des cours d'eau navigables et flottables, par M. de Saint-Ouen, administrateur des forêts, mars 1853 (autographié). — Annales forestières, p. 272 et 429, juillet et août 1853. — Indépendamment des divers mémoires sur la pisciculture que nous avons cités jusqu'ici, on consultera encore avec profit le rapport d'une commission du roi de Hollande ayant pour titre : Handleiding tot de Kunstmatige Vermenigvuldigen van Visschen, 1833 ; des notes de M. de Caumont dans l'Annuaire normand pour 1850, et dans le même recueil un Essai sur la multiplication des poissons dans le département de la Manche, par M. G. Sivard de Beaulieu, 1854, de même que des lettres de M. le marquis de Vibraye et de M. le comte de Pontgibaud, 1854 ; dans le Précis analytique des travaux de l'Académie de Rouen, une note de M. Bergasse sur la fécondation artificielle appliquée au saumon, 1853, et des Recherches sur l'histoire naturelle du saumon, par M. A. Bignon, 1853 ; enfin diverses observations de MM. Géhin, Richard, de Behague, dans le Bulletin de la Société d'agriculture de Paris, t. VI, p. 46I et 469, 1851, de M. Noblet, ibid., t. VII, p. 403, 1852, et de M. Quenard, ibid., t. VIII, p. 95, 1853.

45. Embryologie des salmones, Histoire naturelle des poissons

d'eau douce, par L. Agassiz, p. 16, 1842.

46. Ces algues, désignées souvent sous le nom de moisissure on de byssus par les différens auteurs, et que M. de Quatrefages a si heureusement comparées à la muscardine des vers à soie, appartiennent toutes, suivant M. Charles Robin, à l'espèce nommée par Nées d'Esembeck achlya prolifera.

47. Comptes-rendus de l'Académie des Sciences,t. XXXVII, séance du 26 décemb. 1853.

48. Nous ne devons pas oublier de mentionner aussi les noms des propriétaires et des agriculteurs qui, guidés par les conseils de la science, ont pris l'initiative de l'expérience pratique qui se poursuit activement sur beaucoup de points de la France. Outre la piscifacture d'Huningue, entretenue par l'état, on a vu se former un grand nombre de piscines particulières, destinées à ensemencer des étangs ou des cours d'eau. Nous citerons, dans le département de l'Oise, les piscines de M. le baron de Pontalba à Mont-Lévêque, de M. le baron de Tocqueville à Beaugy, de MM. Davillier et Haitman à Saint-Charles, de M. Caron à Beauvais ; dans l'Aisne, celles de MM. Millet et Cagniard à Chauny, de MM. Millet et Lefebvre à La Clopperie ; dans l'Eure, celles de MM. Davillier et Hartmann à Gisors, de M. Victor Marchand à Saint-Paër, de M. Greenhill à Bezu-Saint-Éloi ; dans le département de Seine-et-Oise, celles de M. le vicomte de Curzay à Enghien ; dans le département de Seine-et-Marne, celles de Mme la princesse Bacciocchi au Vivier, de Mme la baronne de Mouzin à Farcy, de M. Pauly à Nemours ; dans l'Isère, celles de M. de Galbert à La Buisse, de M. Adolphe Périer a Vizille ; dans les Ardennes, celles de MM. Millet et Barachin à Ligny-le-Petit ; dans le département de Loir-et-Cher, celles de M. le marquis de Vibraye à Cheveny, etc. Enfin M. Levat en a organisé plusieurs pour les poissons d'eau douce et d'eau salée sur le littoral méditerranéen ; son exemple a été suivi par MM. Boissiere, Douillard, Festugières, Javal, etc., propriétaires du bassin d'Arcachon sur le littoral de l'Océan.

49. Genre voisin des saumons.

ISBN : 978-1719407373

www.ingramcontent.com/pod-product-compliance
Lightning Source LLC
Chambersburg PA
CBHW070139230526
45472CB00004B/1598